INDICE

CAPÍTULO 1: INTRODUCCIÓN E HISTORIA

1.1. ¿QUÉ ES LINUX?

Es un sistema operativo libre tipo Unix, tiene las siguientes características:

- Es un sistema multiusuario y multitarea

- Es de código abierto

- Tiene soporte multiprocesador

- Soporta múltiples sistemas de ficheros

- Es libre (Se distribuye bajo licencia GPL)

- Soporta múltiples arquitecturas (x86, IA64, MIPS, PowerPC, ARM...)

- Realmente el nombre Linux se refiere al kernel del sistema operativo

¿Qué incluye normalmente un sistema operativo basado en el Kernel Linux?

- Cargador de arranque (Normalmente GRUB o GRUB2)

- Kernel Linux

- Software de terceros libre o propietario como por ejemplo Servidores, X Windows, utilidades, etc...

- Colección de aplicaciones GNU

1.2. UN POCO DE HISTORIA

El núcleo Linux se publicó por primera vez en 1991, nació de un número muy pequeño de ficheros de código fuente C bajo una licencia que prohíbe la distribución comercial a su estado actual de cerca de 296 MiBs de fuente bajo la Licencia pública general de GNU.

Linus Torvalds primero publicó el núcleo Linux bajo su propia licencia, la cual fue casi una licencia de código fuente compartida (en inglés, share source) y que tenía una restricción contra la actividad comercial. En 1992, él sugirió cambiar a la GNU GPL. Primero anunció este cambio en las notas de lanzamiento de la versión 0.12.4 A mediados de diciembre de 1992 él publicó la versión 0.99 usando la GNU GPL.5

Más tarde, Torvalds dijo en una entrevista, "registrar a Linux bajo la GPL fue definitivamente la mejor cosa que alguna vez hice".

La designación "Linux" al principio fue usada por Torvalds sólo para el núcleo. El núcleo fue, sin embargo, con frecuencia usado junto con otro software, especialmente con el del proyecto de GNU. Esta variante de GNU rápidamente se hizo la más popular, ya que no había ningún otro núcleo libre que funcionara en ese tiempo. Cuando la gente comenzó a referirse hacia esta recopilación como "Linux", Richard Stallman, el fundador del proyecto de GNU, solicitó que se usara el nombre GNU/Linux, para reconocer el rol del software de GNU.7 En junio de 1994, en el boletín de GNU, Linux fue mencionado como un "clon libre de UNIX", y el Proyecto Debian comenzó a llamar a su producto GNU/Linux. En mayo de 1996, Richard Stallman publicó al editor Emacs 19.31, en el cual el tipo de sistema fue renombrado de Linux a Lignux. Esta "escritura" fue pretendida para referirse expresamente a la combinación de GNU y Linux, pero esto pronto fue abandonado en favor de "GNU/Linux".

El producto terminado es más a menudo denominado simplemente como "Linux", como el más simple, el nombre original. Stallman anunció su demanda por un cambio de nombre sólo después de que el sistema ya se había hecho popular.

*Este apartado ha sido extraído de un resumen de
https://es.wikipedia.org/wiki/Historia_de_Linux

1.3. ¿QUÉ DIFERENCIA LINUX DE OTROS SISTEMAS?

Para los sistemas operativos Linux son los sistemas más estables y con más soporte ya que el soporte lo da la comunidad en la gran mayoría de los casos. Por ejemplo, cuando hay algún problema en alguna parte esencial de Linux como el Kernel o alguna librería o aplicación necesaria para el correcto funcionamiento del sistema, sobre todo a nivel de seguridad, en muy poco tiempo hay alguna solución, aunque sea temporal. En otros sistemas operativos se suele tardar algo más ya que el personal es más limitado.

Tienen infinidad de ventajas respecto a otros sistemas operativos. La gran mayoría de las distribuciones son gratuitas o tienen una versión gratuita. Aunque existen distribuciones empresariales como Suse y RedHat que requieren una suscripción. Esta suscripción te aporta acceso a un soporte propio y parches, actualizaciones del sistema y aplicaciones creadas por la empresa. Este tipo de distribuciones puede venir bien en caso de tener problemas con hardware o software y requerir un soporte personalizado y pueden ser requeridas por algunos fabricantes de software como por ejemplo SAP.

No es necesario tener una distribución de pago para montar ningún sistema empresarial si no es un requisito de algún software utilizado ya que con una distribución gratuita se suele poder trabajar de la misma forma.

Linux tiene la ventaja de requerir menor consumo de recursos que otros sistemas debido a que se puede ejecutar en modo "texto o cli" o en modo gráfico. El modo texto suele estar destinado a servidores y podremos utilizarlo a base de comandos. El modo grafico suele estar destinado a sistemas de escritorio, se suele combinar el uso de comandos y aplicaciones gráficas, además tiene la ventaja respecto a otros sistemas operativos de tener múltiples sistemas de escritorio. Los más conocidos son: Gnome, KDE, XFCE y LXDE y Cinnamon.

Se pueden ver a continuación varias imágenes de algunos de los entornos gráficos mencionados:

Gnome:

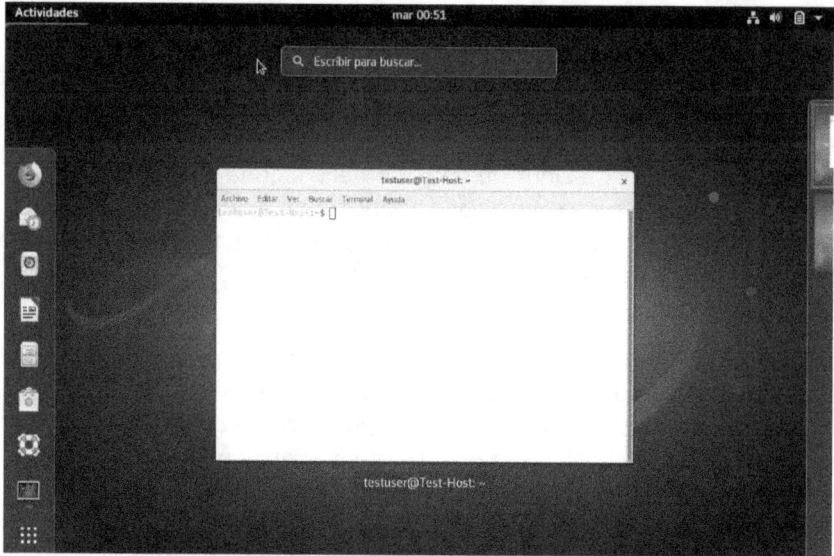

LXDE:

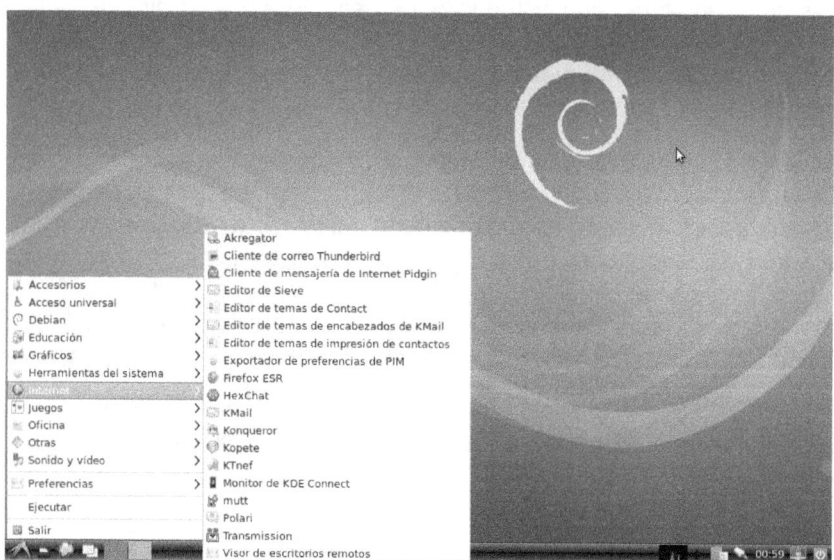

Cinnamon:

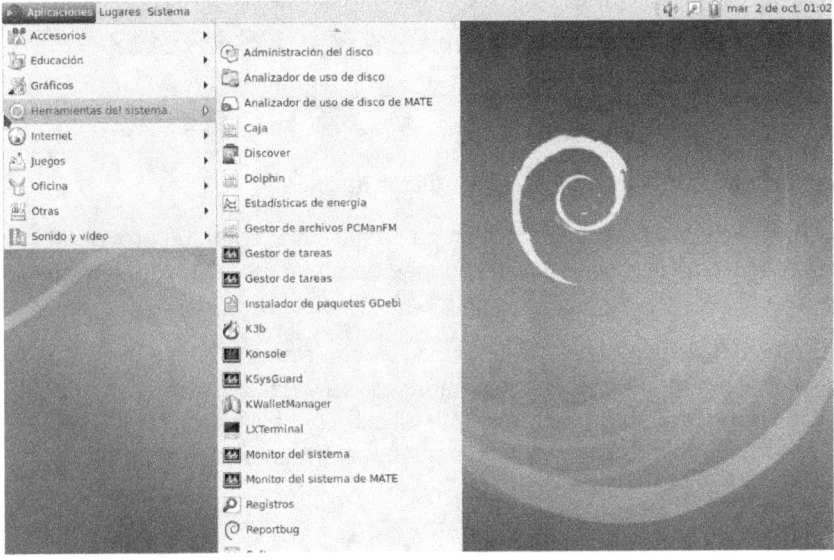

CAPÍTULO 2: MANOS A LA OBRA

2.1. ¿CÓMO PUEDO EMPEZAR A USARLO?

Linux se encuentra en multitud de dispositivos, desde routers, servidores, dispositivos de red, ordenadores de sobremesa y portátiles.

Hay varias formas de empezar a utilizar linux:

- Si tienes algún alojamiento web o una cuenta FTP en algún proveedor de alojamiento, es posible que dispongas de una cuenta linux que puedes utilizar conectando mediante SSH (Secure Shell).

SSH es un protocolo de administración remota. Permite le administración remota mediante comandos. La ventaja de SSH es que trabaja sobre una capa de cifrado que dificulta (y casi imposibilita) que nos roben los datos mediante la conexión, veremos más adelante cómo utilizarlo.

- También podemos contratar un VPS (Virtual private server) en algún proveedor de servicios en la nube y así utilizar Linux sin preocuparnos de "romper nada". Algunos de los proveedores que recomiendo son:

- Gigas

- Kimsufi (El hermano pequeño de OVH)

- Amazon Cloud services

- Microsoft Azure

- Google Cloud

- Se puede utilizar una live CD sobre un sistema físico o virtual.

- Instalar un sistema Linux en una maquina virtual dentro de nuestro PC con sistemas como VirtualBox (Puede descargarse desde https://www.virtualbox.org/)

- Otra forma es instalar un sistema Linux en un dispositivo físico como un servidor, un ordenador de sobremesa o un portátil, esto puede ser un poco más complejo dependiendo del sistema.

2.1.1. COMO CONECTARSE POR SSH A OTRO SISTEMA

Para conectarse a otro sistema por ssh desde un sistema Linux es tan sencillo como tener instalado la aplicación "openssh-client" y ejecutar el comando "ssh" de las siguientes formas:

- **ssh usuario@host:** conecta con un usuario a un host determinado pidiendo el password

- **ssh -l usuario host:** conecta con un usuario a un host determinado pidiendo el password

- **"ssh -i fichero_clave usuario@host" o "ssh -i fichero_key -l usuario host":** conecta con un usuario a un host determinado mediante el fichero de clave seleccionado. Para generar un fichero de clave desde un sistema Linux solo hay que ejecutar el comando "ssh-keygen" y este comando generará un fichero de clave nuevo como se puede ver en la imagen:

Si lo hacemos desde Windows debemos descargar alguna aplicación como "putty", la cual se puede descargar desde https://www.putty.org/. Putty es una aplicación que hace de cliente SSH. En las siguientes imágenes se puede ver como conectamos desde putty tanto con usuario y pasword como con clave.

En primer lugar para conectarnos por password solo tenemos que introducir la IP y pinchar en el botón "open". Si queremos guardar la configuración solo tenemos que pinchar el botón "save session" antes de pinchar en el botón "open".

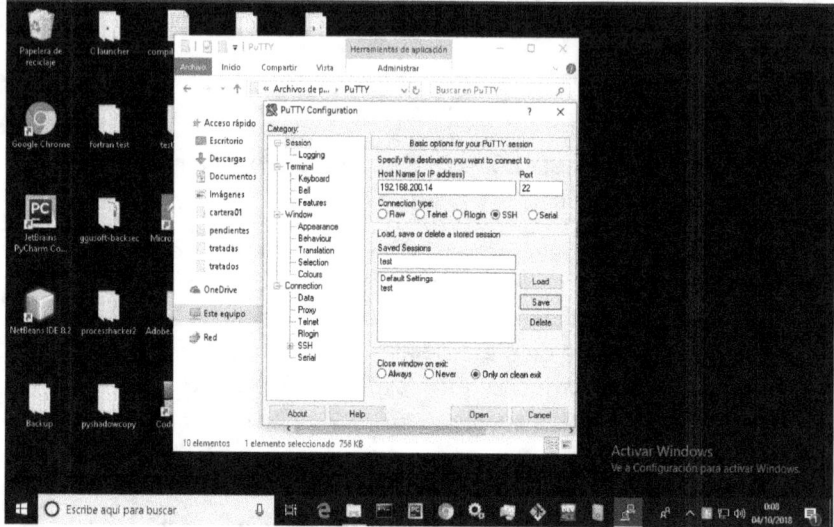

Si es la primera vez que se conecta a un nodo solo nos saldrá una advertencia diciendo que no se ha conectado nunca a ese servidor.

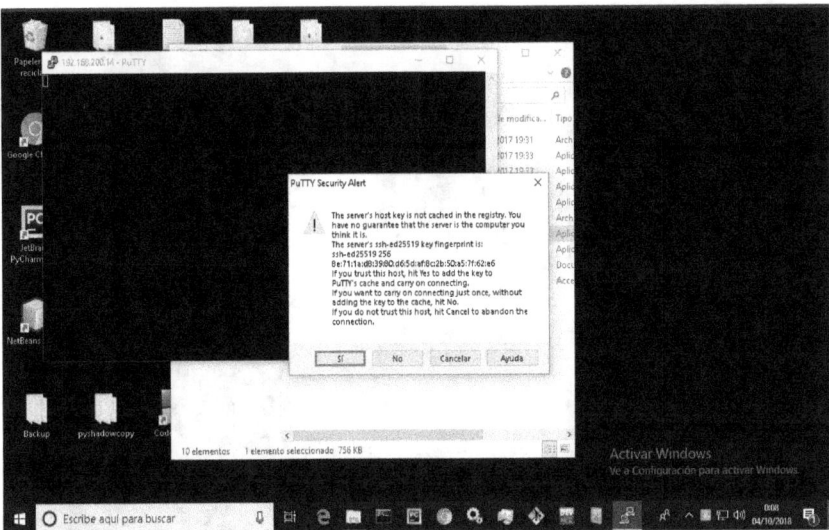

Seguido a esto nos pedirá usuario y contraseña, en este caso he
introducido el usuario "root" pero en otros sistemas puede ser otro
diferente.

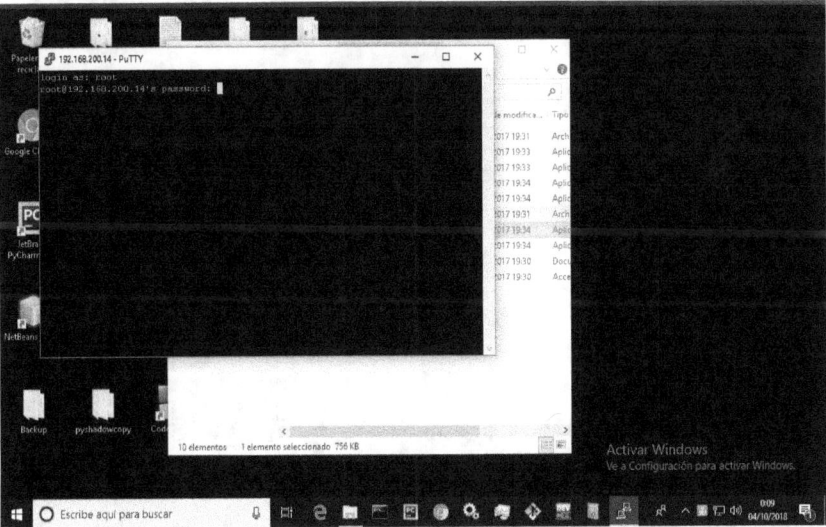

Tras introducir el usuario y la contraseña ya estamos dentro del
sistema y podemos introducir comandos como si tuviésemos el sistema
remoto delante de nosotros.

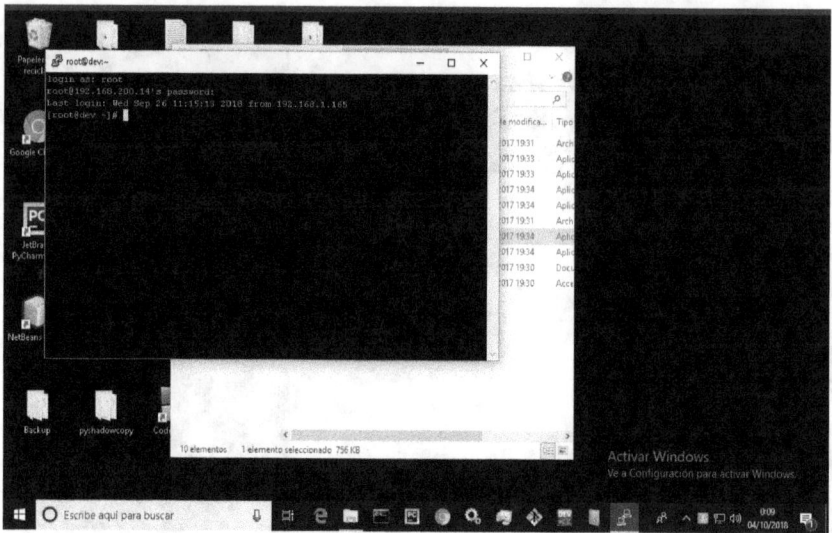

Si queremos acceder con clave, en primer lugar debemos generarla (si no nos han facilitado alguna clave).

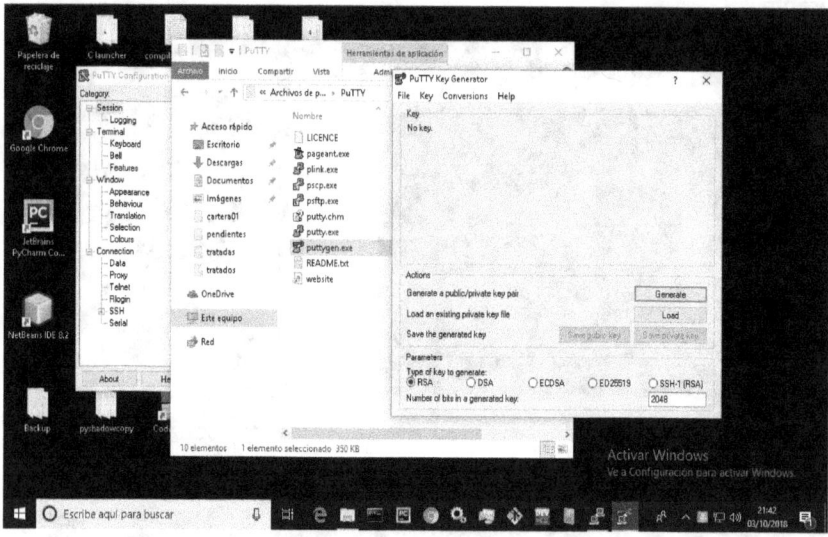

Una vez generada la guardamos, debemos guardar la pública y la privada pinchando en los botones "save private key" y "save public key".

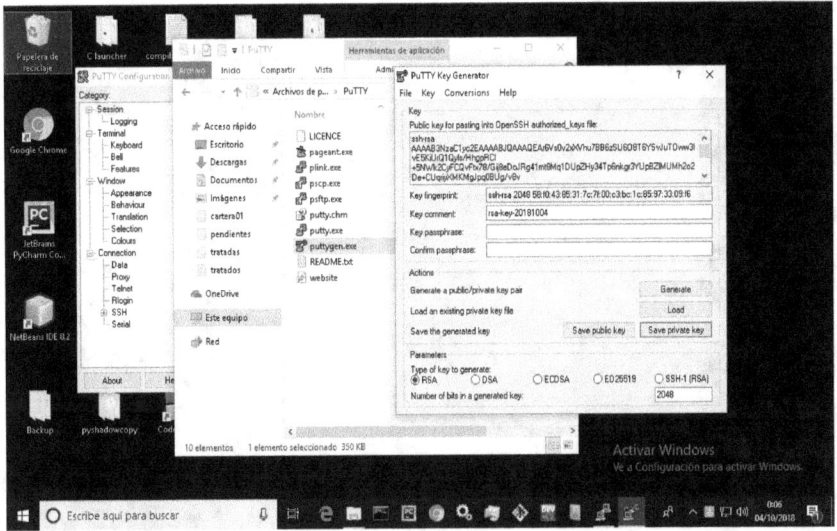

Tras haber incluido en el fichero "~/.ssh/autorized_keys" la clave pública generada, podremos acceder con el fichero de clave. Este paso lo hacemos mas adelante en el libro. Este paso debe omitirse si es un proveedor el que nos ha facilitado el fichero de clave ya que ya se ha realizado por si parte (tanto la generación de clave como el incluirlo en el fichero)

Lo siguiente es configurar la sesión para que conecte por clave, para hacerlo solo hay que hacer lo siguiente:

En la sesión guardada con la IP, dirígete a la sección SSH $\rightarrow$ Auth en el árbol de la izquierda. Después selecciona la clave privada a utilizar :

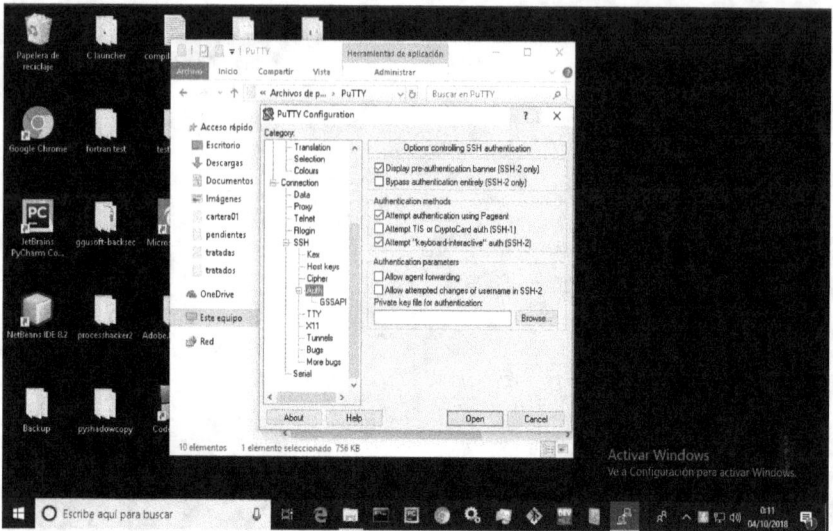

Después dirígete al apartado Connection → Data e introduce el usuario en el apartado "auth login username".

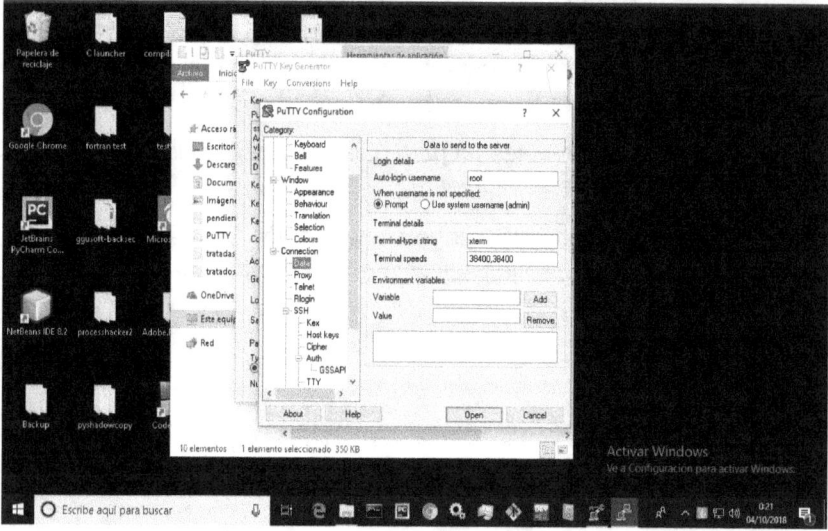

Para finalizar, debemos guardar la sesión pinchando en "save session" para guardar la configuración. Después ya se puede pinchar en el botón "Open" para conectar con la nueva configuración y usar el fichero de clave.

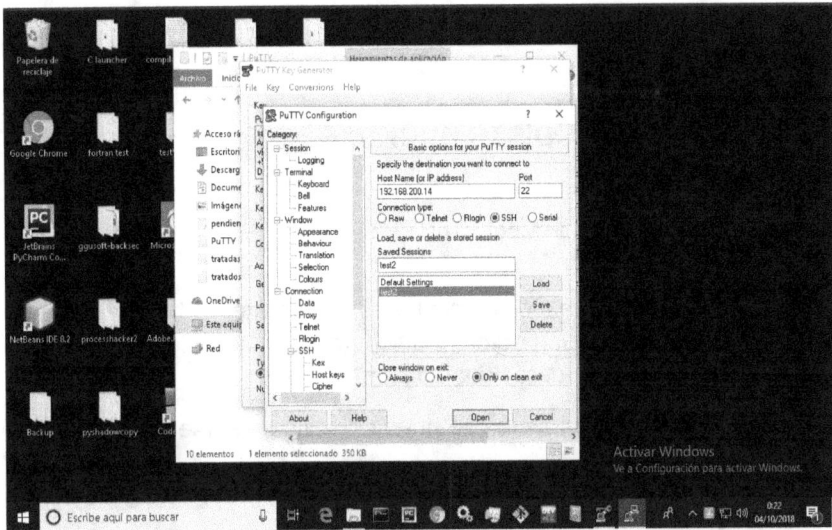

Si se ha configurado todo correctamente, al pinchar en el botón "Open" conectaremos directamente y no nos pedirá la contraseña.

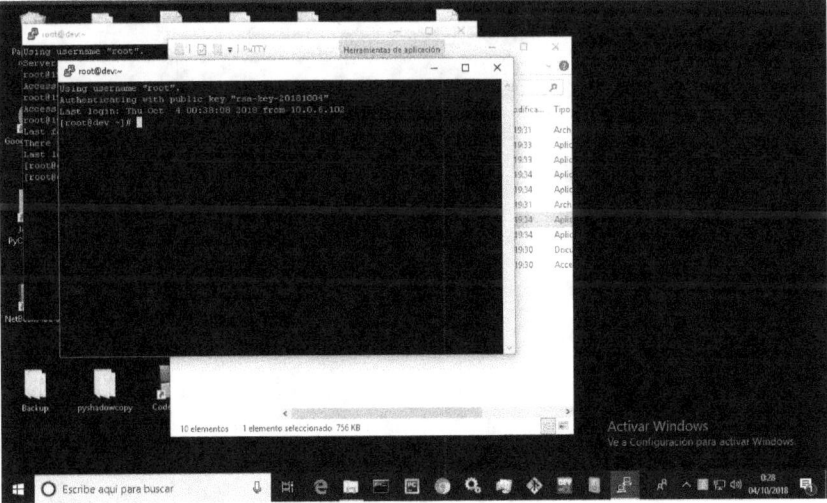

2.2. TIPOS DE SISTEMAS LINUX E INSTALACIÓN

2.2.1. ¿QUÉ ES UNA DISTRIBUCIÓN?

Una distribución o "distro" como es más conocido es una "versión" del sistema operativo Linux.

Las distribuciones tienen aspectos similares y diferentes entre ellas, puede variar la configuración de ciertos ficheros, el gestor de paquetes que utilizan, el tipo de paquetes que utilizan.

Según el origen de la distribución se puede clasificar así (se muestran los tipos más comunes):

- Basadas en Debian:
- Basadas en RedHat: RedHat Enterprise
- Basadas en Arch: Arch linux, Manjaro Linux
- Basadas en SUSE: SUSE Enterprise, OpenSUSE
- Basadas en Slackware:

Según su tipo de paquetería mostramos una tabla (con los dos tipos más comunes):

RPM	DEB
RedHat Enterprise	Debian
Fedora	Ubuntu y derivados (Xubuntu, Kubuntu, etc)
OpenSUSE y SUSE Linux Enterprise	Kali Linux
CentOS	Knoppix

¿Qué ventajas podemos tener en algunas distribuciones?

- Hay software únicamente compatible con algunas distribuciones (por ejemplo por licencia).
- Otras distribuciones que ofrecen soporte y actualizaciones más recientes, son las llamadas versiones Enterprise, estas son de pago.
- Algunas distribuciones que tienen el software más reciente es sus repositorios nativos

¿Cómo elegir la distribución adecuada?

En muchos casos depende de los gustos del usuario o de algún requerimiento del software a instalar

¿Qué distribución instalar en cada caso?

- En un sistema Workstation

Dependiendo del tipo de estación de trabajo podemos instalar una u otra, yo por gusto personal recomiendo OpenSUSE o Fedora y si se requiere soporte una opción válida puede ser SUSE Linux Enterprise Desktop.

- En un servidor

21

Aquí si tenemos algún requerimiento específico del software que utilizaremos en el servidor tendremos que poner esa distribución en concreto si no es así:

- ○ Si se requiere licencia: SUSE Linux Enterprise

- ○ Si no se requiere licencia:

Si te gustan los paquetes RPM una buena opción es CentOS aunque a mí particularmente por ejemplo en un servidor de base de datos o web me gusta instalar la distribución Debian, aunque esto es más gusto personal que otra cosa.

2.2.2. ¿QUÉ ES UNA LiveCD?

Una LiveCD es un CD/DVD, pendrive o ISO que contienen una distribución Linux, este tiene la peculiaridad de que es bootable, es decir se puede arrancar el equipo con el. Contienen un sistema operativo que se montará en la memoria RAM del equipo desde el que lo hemos arrancado sin necesidad de utilizar discos duros o tan siquiera tenerlos instalados en el equipo. En el sistema contenido se pueden instalar aplicaciones, crear usuarios, montar unidades de almacenamiento y en definitiva hacer prácticamente todo lo que se puede hacer desde esa distribución una vez instalada con la diferencia de que al reiniciar el equipo todo lo que no se guardase en un dispositivo de almacenamiento se habrá eliminado. Desde los LiveCD en muchas ocasiones se puede instalar la distribución que contiene.

Las LiveCD también son utilizadas para corregir problemas de un sistema operativo instalado en un disco duro.

Todas las distribuciones anteriormente nombradas disponen de LiveCD en su página oficial.

2.3. INSTALAR LINUX

Dependiendo de la versión este proceso varía mucho. A continuación vamos a enseñar cómo sería este proceso en Ubuntu, en Fedora y en CentOS "Minimal", en el caso de CentOS solo haremos la instalación en modo texto (por ejemplo para servidores)

2.3.1. ¿QUÉ ES UN CARGADOR DE ARRANQUE?

Un cargador de arranque o boot loader es un software encargado de realizar el arranque del sistema operativo, en la mayoría de los casos se suele utilizar GRUB.

GRUB guarda su configuración en *"/boot/grub"*.

La configuración del menú y opciones de arranque se puede hacer en "/boot/grub/grub.cfg".

En este fichero se pueden modificar muchas opciones interesantes, desde el modo de ejecución hasta los módulos y las opciones del Kernel (se explicará qué es más adelante) que se cargan al arranque. También se pueden configurar las entradas de los sistemas operativos y versiones de Kernel instalados en la maquina, la entrada por defecto y el tiempo que tarda en arrancar.

2.3.2. INSTALACIÓN DE DEBIAN

La instalación comienza desde el medio de instalación. Este medio de instalación puede ser un pendrive, una tarjeta SD o un CD/DVD creado a partir de la imagen ISO que podemos descargar en https://www.debian.org/CD/netinst/

El primer paso tras arrancar a partir del medio elegido es seleccionar el tipo de instalación. Se puede hacer mediante un instalador de consola o uno gráfico. Nosotros elegiremos el instalador gráfico por su sencillez.

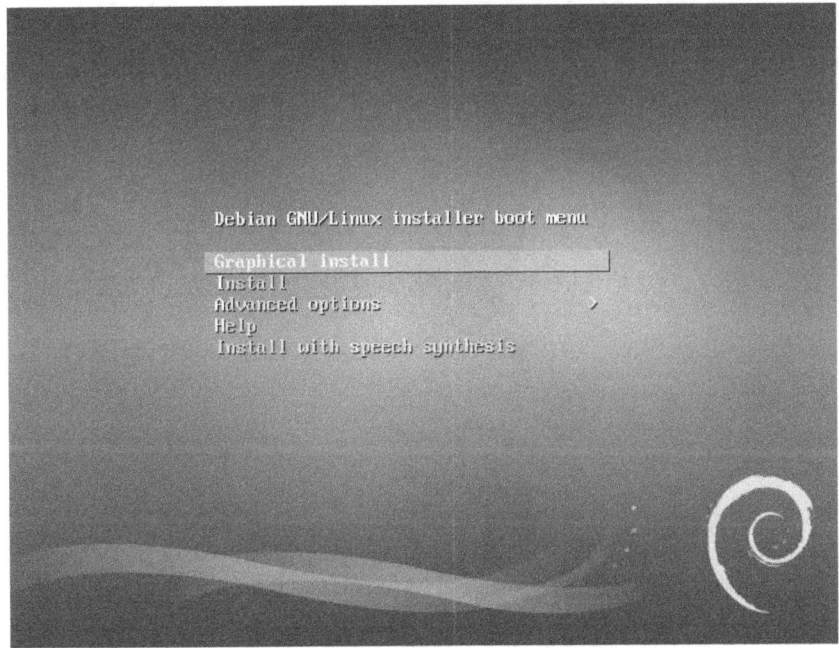

El siguiente paso es seleccionar el idioma, lo podemos hacer utilizando el teclado (las flechas de arriba y abajo y pulsando "enter" para seleccionar la opción deseada) o bien utilizando el ratón.

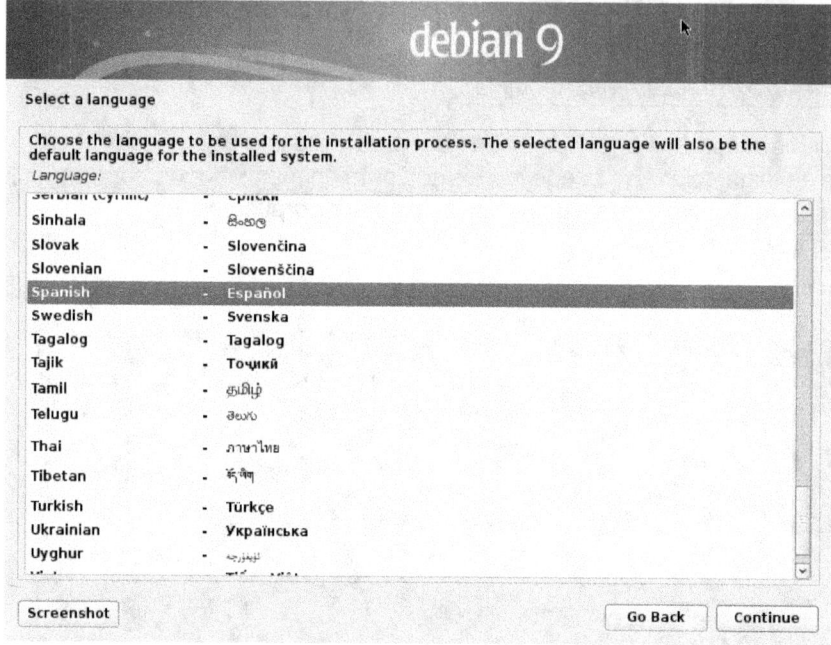

Después haremos lo mismo con la ubicación:

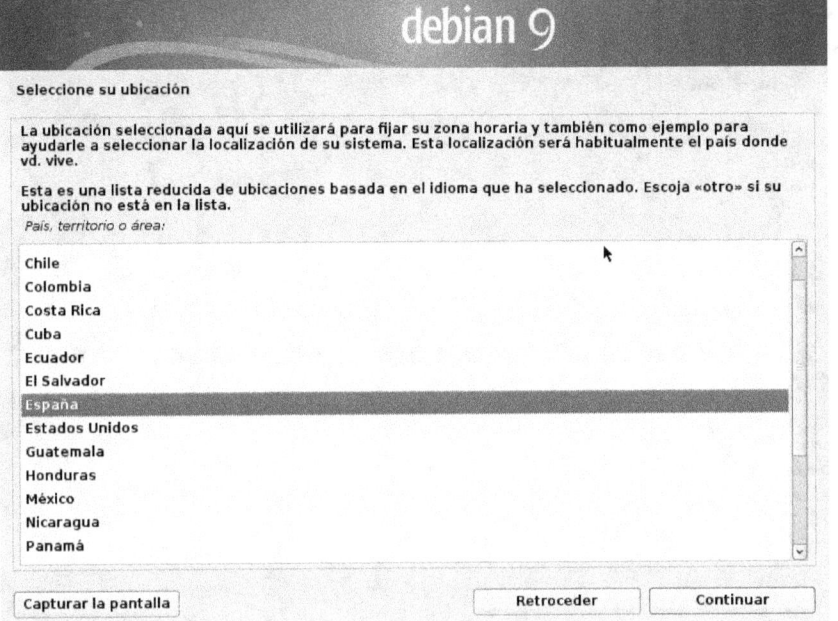

Y también seleccionaremos el idioma de la misma forma.

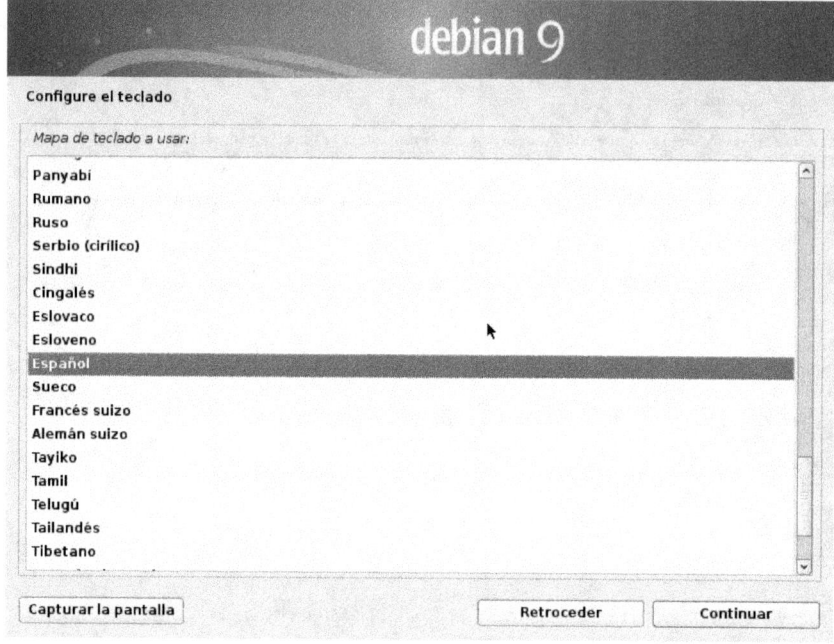

Tenemos que introducir el nombre que tendrá el host de la nueva máquina:

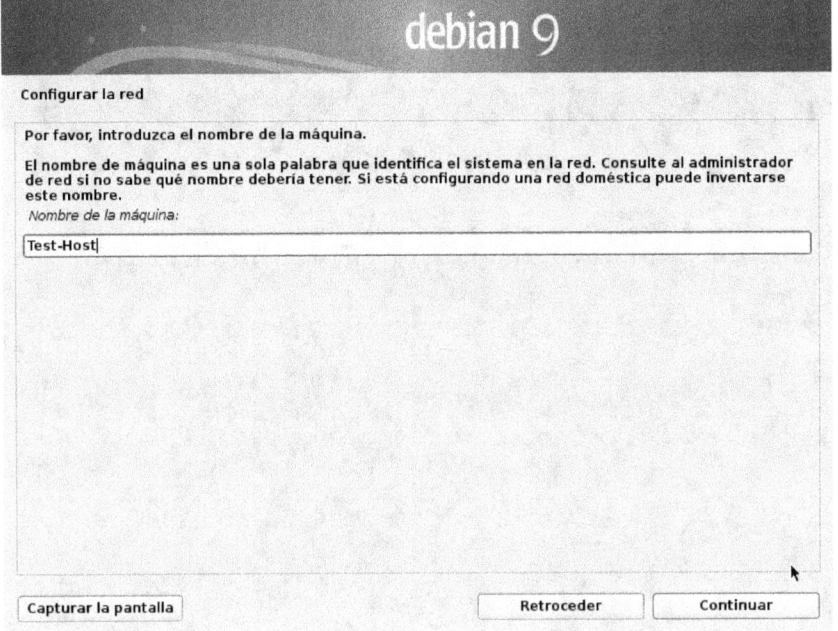

29

En el siguiente paso hay que introducir el dominio de red si pertenecemos a alguno. Es probable que no tengamos ninguno y tengamos que dejarlo en blanco (es lo más habitual) o que estemos en una red administrada (en ese caso hay que consultar al administrador de la red):

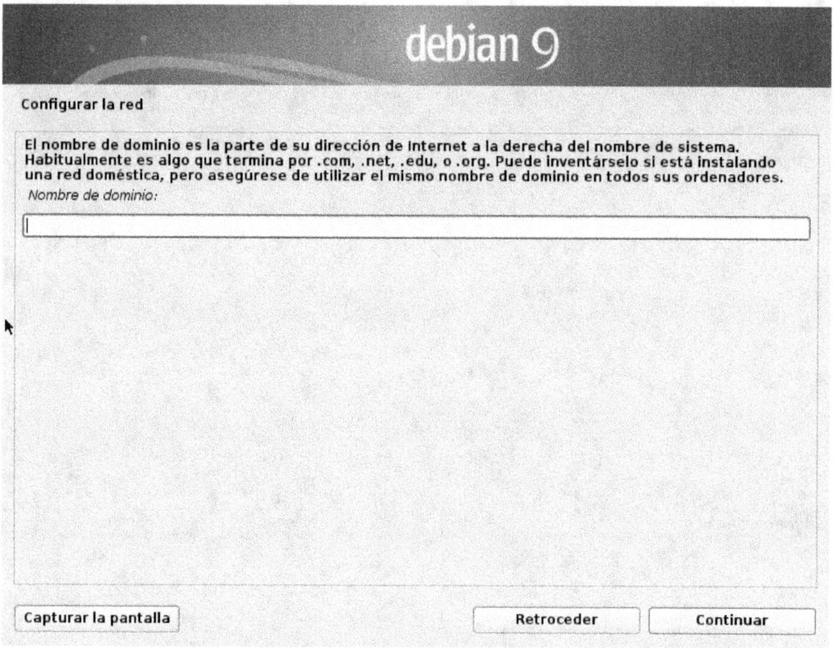

debian 9

Configurar la red

El nombre de dominio es la parte de su dirección de Internet a la derecha del nombre de sistema. Habitualmente es algo que termina por .com, .net, .edu, o .org. Puede inventárselo si está instalando una red doméstica, pero asegúrese de utilizar el mismo nombre de dominio en todos sus ordenadores.

Nombre de dominio:

| |

| Capturar la pantalla | | Retroceder | Continuar |

Tras introducir estos datos y pinchar en continuar, empezará la
configuración de red. Si está habilitado un servidor DHCP en la red
esta se auto configurará y si no es así habrá que introducir los
parámetros a mano. Lo más habitual es tener un servidor DHCP tanto
en redes domésticas como corporativas:

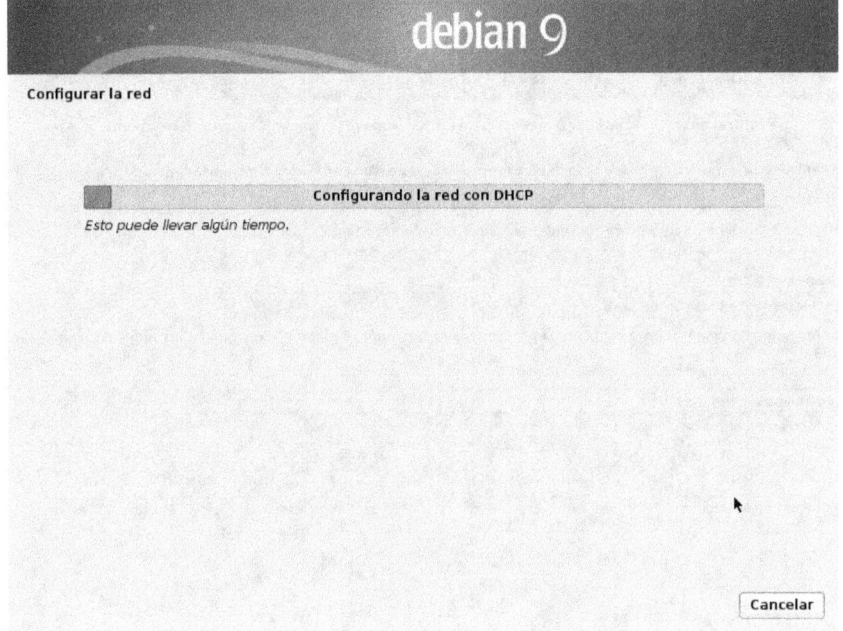

En el siguiente paso hay que introducir la password que tendrá el usuario "root", es importante recordar esta password.

debian 9

Configurar usuarios y contraseñas

Necesita definir una contraseña para el superusuario («root»), la cuenta de administración del sistema. Podría tener graves consecuencias que un usuario malicioso o un usuario sin la debida cualificación tuviera acceso a la cuenta del administrador del sistema, así que debe tener cuidado y elegir un la contraseña para el superusuario que no sea fácil de adivinar. No debería ser una palabra que se encuentre en el diccionario, o una palabra que pueda asociarse fácilmente con usted.

Una buena contraseña debe contener una mezcla de letras, números y signos de puntuación, y debe cambiarse regularmente.

La contraseña del usuario «root» (administrador) no debería estar en blanco. Si deja este valor en blanco, entonces se deshabilitará la cuenta de root creará una cuenta de usuario a la que se le darán permisos para convertirse en usuario administrador utilizando la orden «sudo».

Tenga en cuenta que no podrá ver la contraseña mientras la introduce.

Clave del superusuario:

●●●●●●●●●

☐ Mostrar la contraseña en claro

Por favor, introduzca la misma contraseña de superusuario de nuevo para verificar que la introdujo correctamente.

Vuelva a introducir la contraseña para su verificación:

●●●●●●●●●

☐ Mostrar la contraseña en claro

| Capturar la pantalla | | Retroceder | Continuar |

Tras introducir la password de root, el instalador nos pedirá que introduzcamos un usuario nuevo. Si vamos a utilizar un sistema gráfico deberemos introducir un usuario para evitar problemas. Sin embargo si el sistema va a ejecutarse en modo texto, este paso de puede omitir.

debian 9

Configurar usuarios y contraseñas

Se creará una cuenta de usuario para que la use en vez de la cuenta de superusuario en sus tareas que no sean administrativas.

Por favor, introduzca el nombre real de este usuario. Esta información se usará, por ejemplo, como el origen predeterminado para los correos enviados por el usuario o como fuente de información para los programas que muestren el nombre real del usuario. Su nombre completo es una elección razonable.

Nombre completo para el nuevo usuario:

TestUser

Capturar la pantalla   Retroceder   Continuar

También tendremos introducir la password del nuevo usuario (solo en caso de haberlo creado)

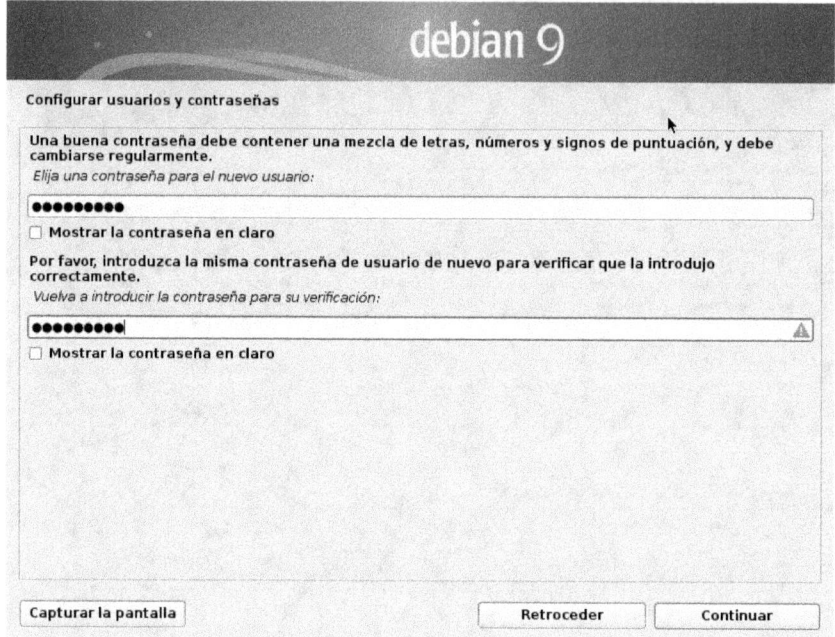

Después seleccionaremos la ubicación de nuestro dispositivo. Esta información no tiene por qué ser real pero ayudará con la configuración del sistema:

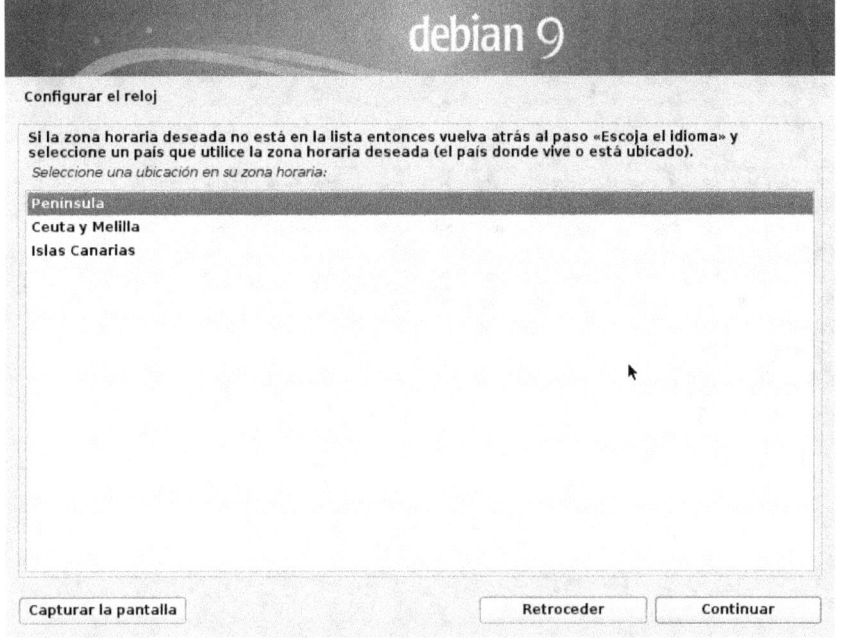

Hay varias formas de particionar un disco, estas serán explicadas en el libro destinado a operadores de Linux ya que son conceptos algo más avanzados. En este libro lo configuraremos de la forma más sencilla, siguiendo el particionado guiado.

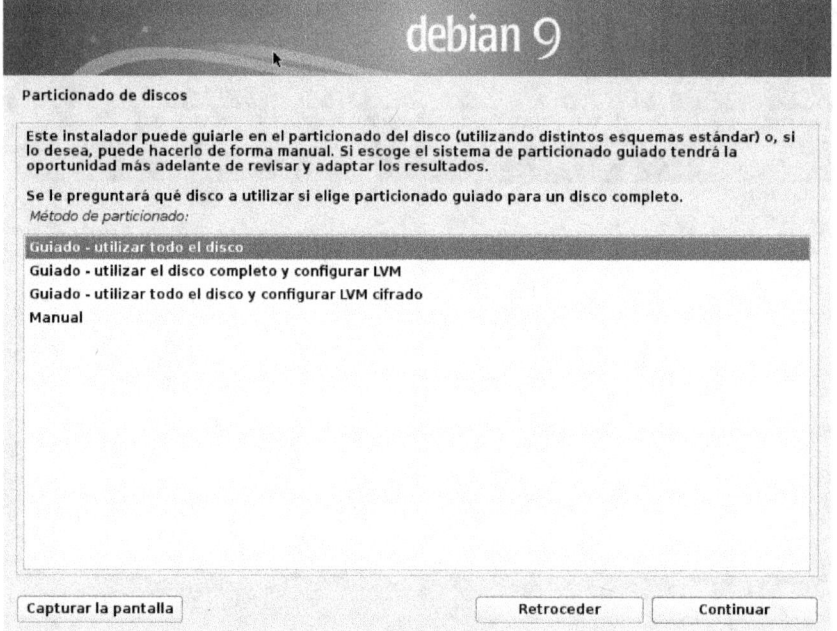

Seleccionamos el disco, hay que tener cuidado con el disco que seleccionamos ya que se borrará todo el contenido del disco.

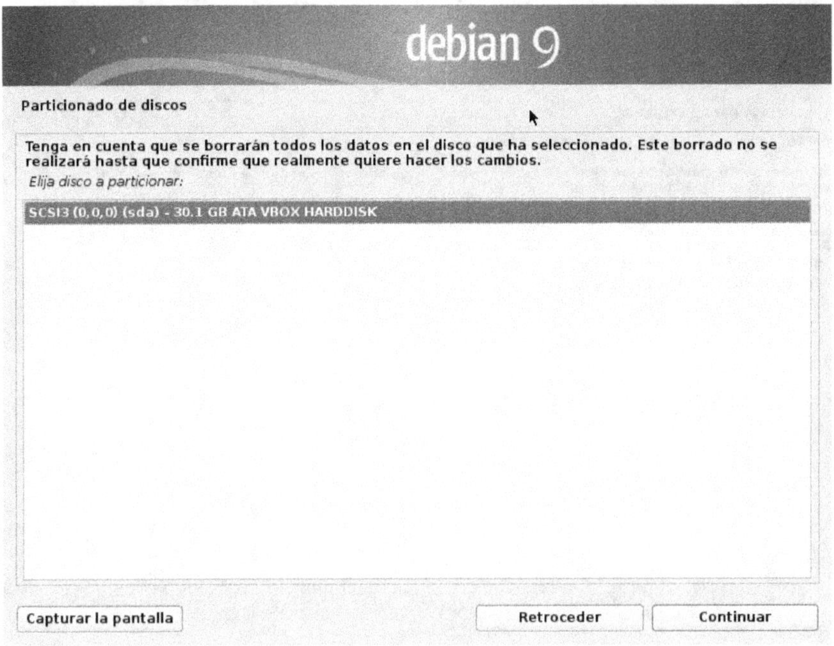

debian 9

Particionado de discos

Tenga en cuenta que se borrarán todos los datos en el disco que ha seleccionado. Este borrado no se realizará hasta que confirme que realmente quiere hacer los cambios.

Elija disco a particionar:

SCSI3 (0,0,0) (sda) - 30.1 GB ATA VBOX HARDDISK

Capturar la pantalla   Retroceder   Continuar

Elegimos el modo más sencillo, todo estará en el mismo disco:

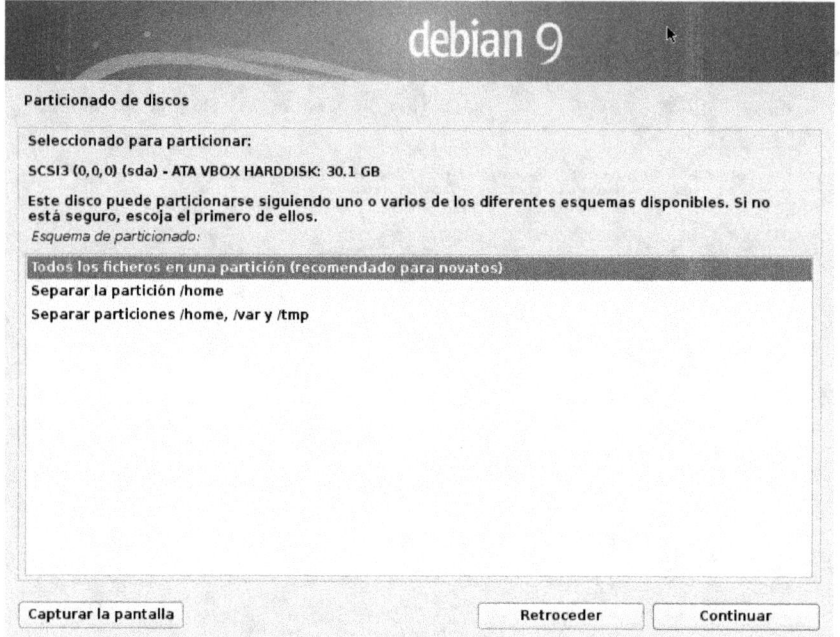

debian 9

Particionado de discos

Seleccionado para particionar:

SCSI3 (0,0,0) (sda) - ATA VBOX HARDDISK: 30.1 GB

Este disco puede particionarse siguiendo uno o varios de los diferentes esquemas disponibles. Si no está seguro, escoja el primero de ellos.

Esquema de particionado:

Todos los ficheros en una partición (recomendado para novatos)
Separar la partición /home
Separar particiones /home, /var y /tmp

Capturar la pantalla   Retroceder   Continuar

Y tras haber configurado la tabla de particiones solo nos queda finalizar el particionado:

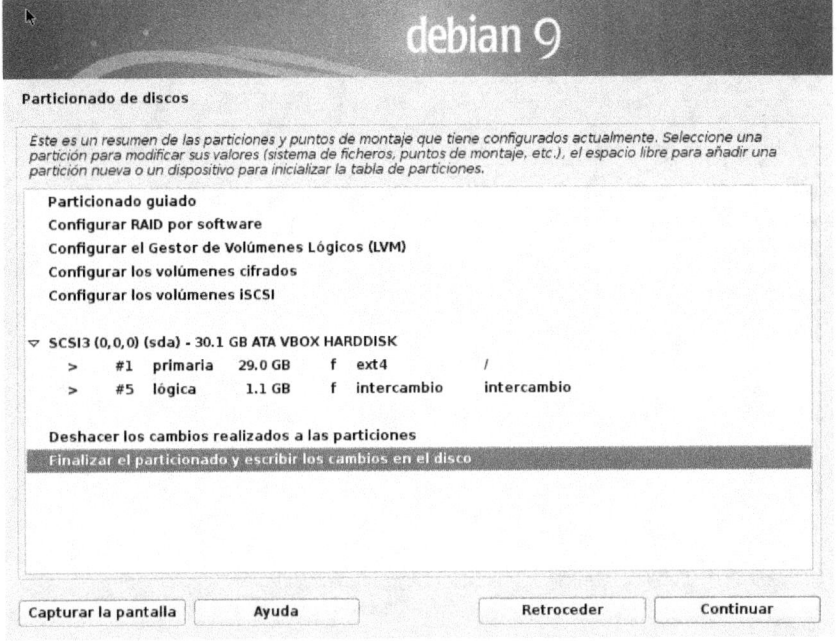

Después de esto, aplicamos los cambios al disco:

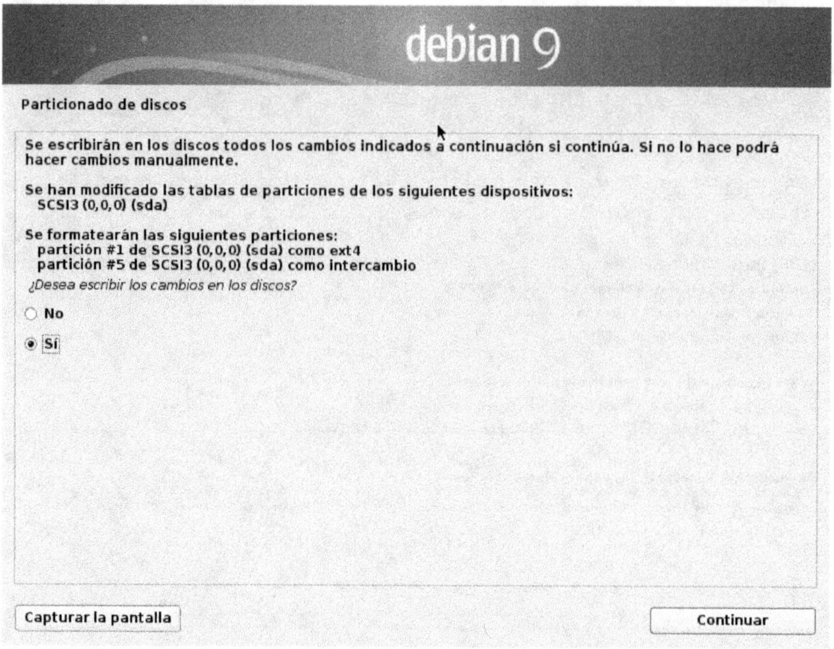

debian 9

Particionado de discos

Se escribirán en los discos todos los cambios indicados a continuación si continúa. Si no lo hace podrá
hacer cambios manualmente.

Se han modificado las tablas de particiones de los siguientes dispositivos:
  SCSI3 (0,0,0) (sda)

Se formatearán las siguientes particiones:
  partición #1 de SCSI3 (0,0,0) (sda) como ext4
  partición #5 de SCSI3 (0,0,0) (sda) como intercambio

¿Desea escribir los cambios en los discos?

○ **No**

◉ **Sí**

[Capturar la pantalla]   [Continuar]

Y comienza el particionado:

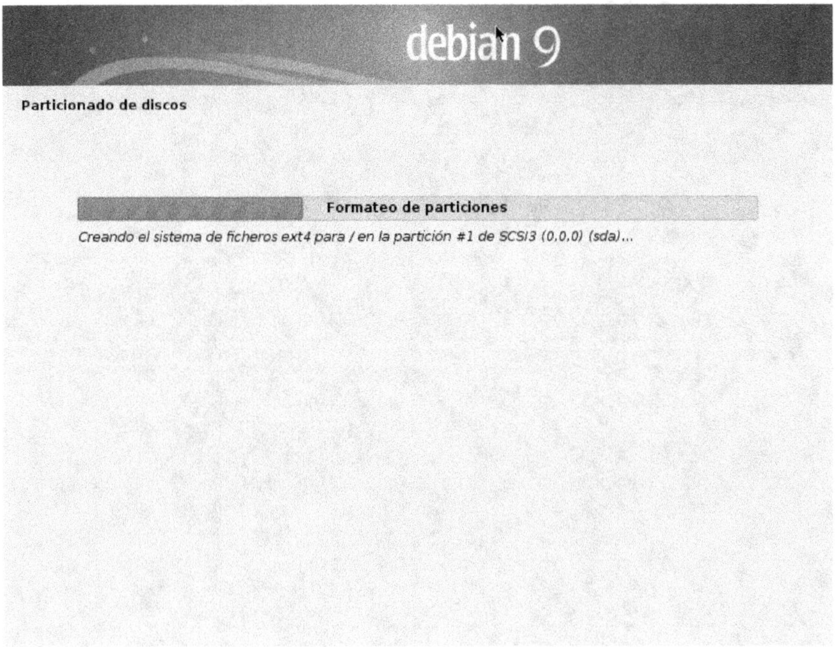

Particionado de discos

Formateo de particiones

Creando el sistema de ficheros ext4 para / en la partición #1 de SCSI3 (0.0.0) (sda)...

Después comenzará la instalación del sistema base:

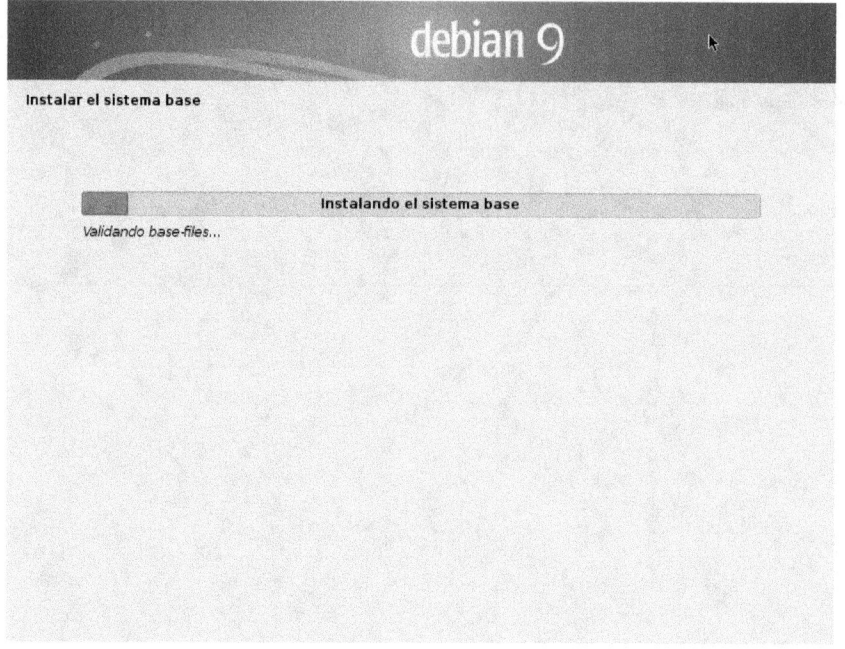

Tras instalar el sistema base, nos pedirá otro disco con el software para instalar más aplicaciones, diremos que no y continuaremos:

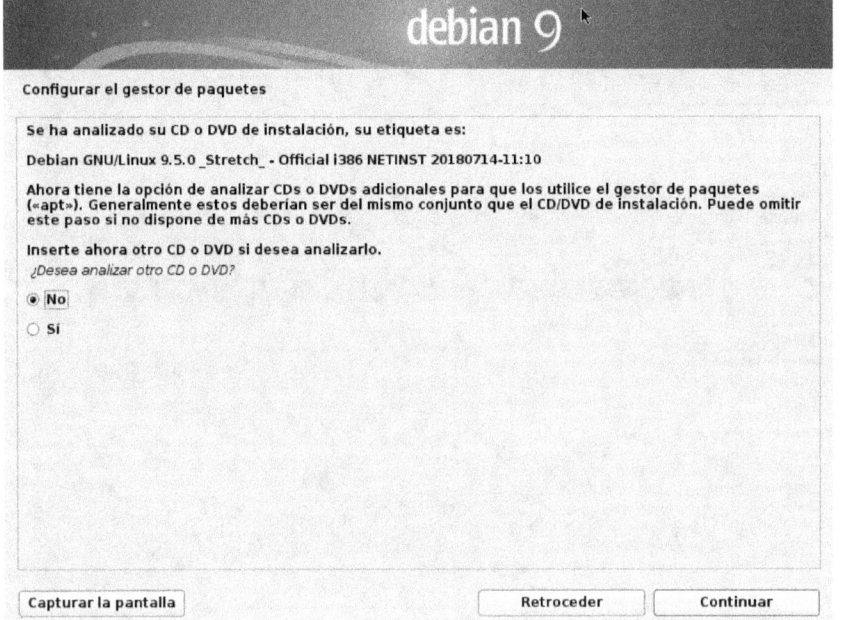

Configurar el gestor de paquetes

Se ha analizado su CD o DVD de instalación, su etiqueta es:

Debian GNU/Linux 9.5.0 _Stretch_ - Official i386 NETINST 20180714-11:10

Ahora tiene la opción de analizar CDs o DVDs adicionales para que los utilice el gestor de paquetes («apt»). Generalmente estos deberían ser del mismo conjunto que el CD/DVD de instalación. Puede omitir este paso si no dispone de más CDs o DVDs.

Inserte ahora otro CD o DVD si desea analizarlo.

¿Desea analizar otro CD o DVD?

◉ No

○ Sí

Capturar la pantalla   Retroceder   Continuar

Configuramos el idioma del gestor de paquetes:

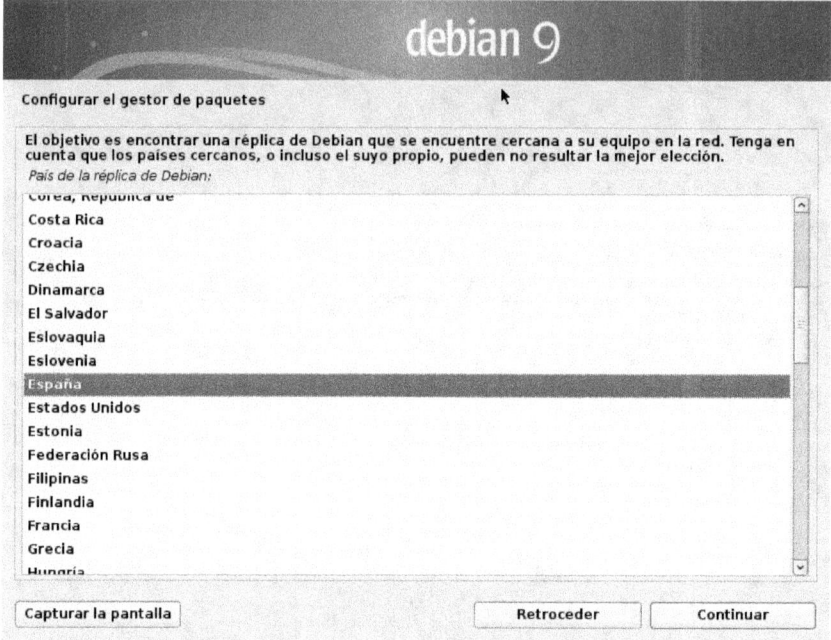

Y desde la fuente desde donde se descargarán el software:

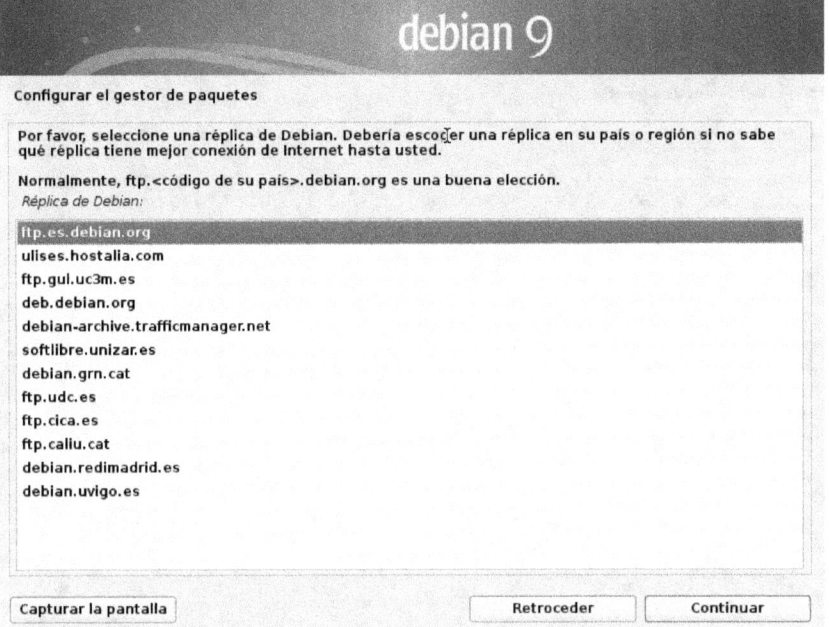

Si tenemos proxy configurado, lo introducimos:

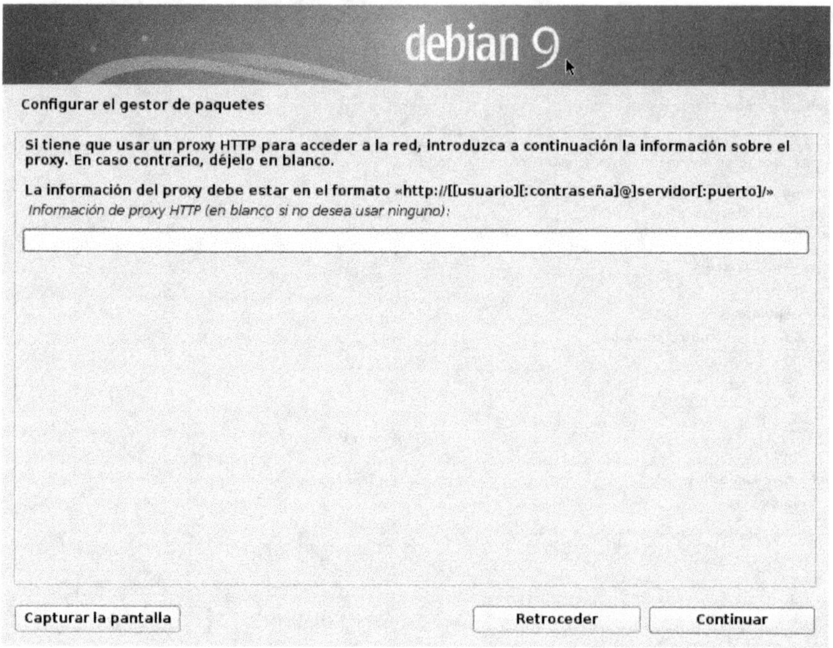

debian 9

Configurar el gestor de paquetes

Si tiene que usar un proxy HTTP para acceder a la red, introduzca a continuación la información sobre el proxy. En caso contrario, déjelo en blanco.

La información del proxy debe estar en el formato «http://[[usuario][:contraseña]@]servidor[:puerto]/»
Información de proxy HTTP (en blanco si no desea usar ninguno):

Capturar la pantalla   Retroceder   Continuar

Seleccionamos que no deseamos participar en la encuesta:

debian 9

Configuración de popularity-contest

Puede hacer que su sistema envíe anónimamente estadísticas a los desarrolladores sobre los paquetes que más usa. Esta información tiene influencia sobre ciertas decisiones, como qué paquetes deben incluirse en el primer CD de la distribución.

Si elige participar, el script de envío se ejecutará automáticamente una vez a la semana, mandando estadísticas a los desarrolladores. Las estadísticas se pueden consultar en http://popcon.debian.org/.

La elección siempre puede cambiar con la orden «dpkg-reconfigure popularity-contest»

¿Desea participar en la encuesta sobre el uso de los paquetes?

- ◉ No
- ○ Sí

| Capturar la pantalla | Continuar |

Y comienza la selección del software adicional a instalar, si queremos instalar un servidor o un sistema con entorno CLI o texto únicamente, solo debemos desmarcar las opciones de entorno de escritorio (Gnome, XFCE, etc.):

Si se ha seleccionado más de un sistemas de entorno gráfico, el instalador nos preguntará cual queremos por defecto: para gestionar las sesiones:

debian 9

Configuración de lightdm

Un gestor de sesiones es un programa que le ofrece la posibilidad de identificarse gráficamente en su sistema mediante el sistema de ventanas de X.

Sólo un gestor de sesiones puede gestionar un servidor de X dado, pero están instalados varios paquetes de gestores de sesiones. Por favor, seleccione cuál gestor de sesiones debería ejecutarse de manera predeterminada.

Se pueden ejecutar múltiples gestores de sesiones simultáneamente si se configuran para gestionar distintos servidores; para conseguirlo, configure los gestores de sesiones apropiadamente, edite cada uno de sus scripts de inicio en «/etc/init.d», y desactive la comprobación del gestor de sesiones predeterminado.

Gestor de sesiones predeterminado:

gdm3
lightdm
sddm

Capturar la pantalla   Continuar

Tras instalar el software adiciona, solo nos queda configurar el cargador de arranque, debemos seleccionar donde queremos instalar Grub (nuestro cargador de arranque de Linux), le diremos que lo instale en el registro principal del disco (MBR o Master Boot Records en inglés):

debian 9

Instalar el cargador de arranque GRUB en un disco duro

Parece que esta instalación es el único sistema operativo en el ordenador. Si esto es así, puede instalar sin riesgos el cargador de arranque GRUB en el registro principal de arranque del primer disco duro.

Aviso: Si el instalador no pudo detectar otro sistema operativo instalado en el sistema, la modificación del registro principal de arranque hará que ese sistema operativo no puede arrancarse. Sin embargo, podrá configurar GRUB manualmente más adelante para arrancarlo.

¿Desea instalar el cargador de arranque GRUB en el registro principal de arranque?

○ No

◉ Sí

| Capturar la pantalla | | Retroceder | Continuar |

Y seleccionamos el dispositivo donde guardará el Grub:

debian 9

Instalar el cargador de arranque GRUB en un disco duro

Ahora debe configurar el sistema recién instalado para que sea arrancable, instalando para ello el cargador GRUB en un dispositivo del que se pueda arrancar. La forma habitual de hacerlo es instalar GRUB en el registro principal de arranque («master boot record») del primer disco duro. Si lo prefiere, puede instalar GRUB en cualquier otro punto del disco duro, en otro disco duro, o incluso en un disquete.

Dispositivo donde instalar el cargador de arranque:

Introducir el dispositivo manualmente

/dev/sda (ata-VBOX_HARDDISK_VB7859f487-256c7cc6)

| Capturar la pantalla | | Retroceder | Continuar |

Una vez instalado, nos pedirá que extraigamos el medio de instalación y reiniciemos:

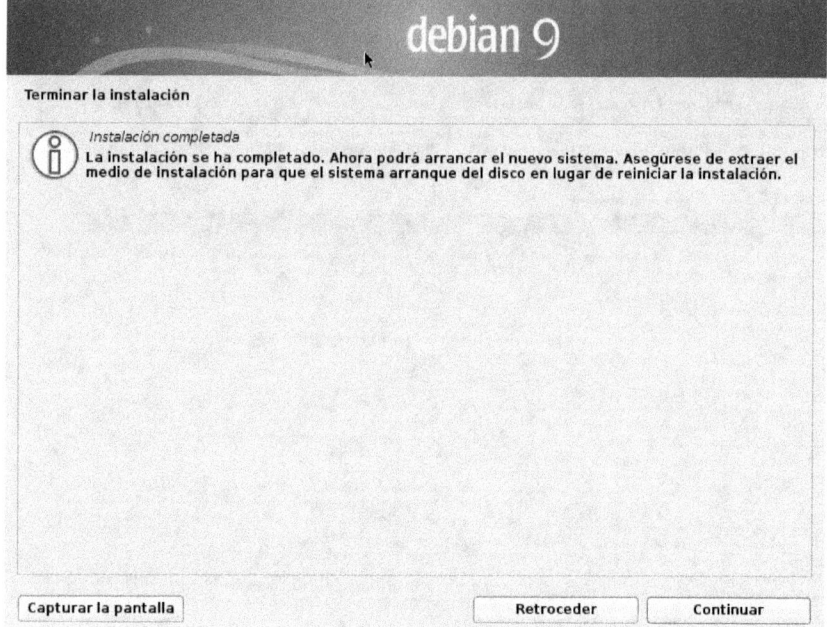

Tras reiniciar podemos ver como ya se arranca desde nuestro nuevo
sistema:

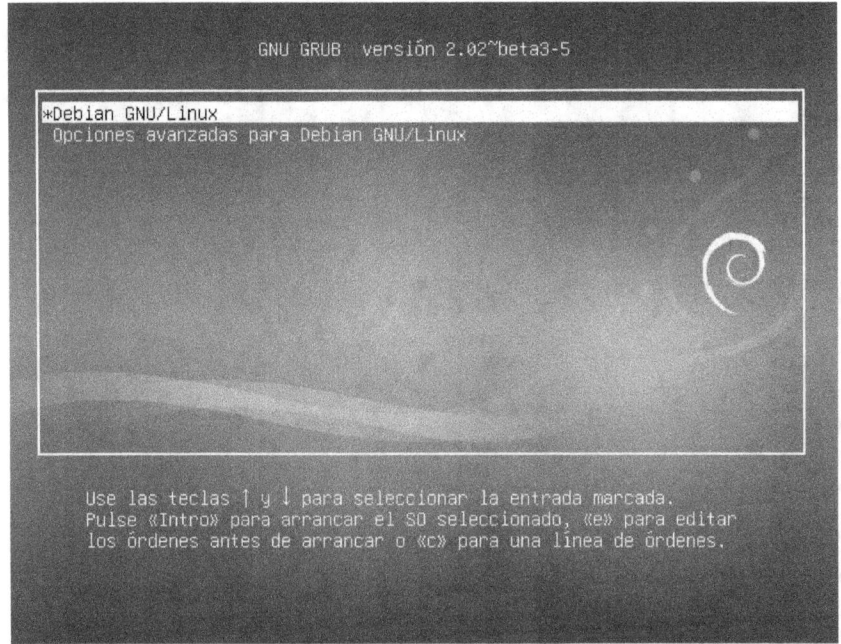

Y ya podemos acceder al sistema instalado para comenzar a
configurarlo, instalar software adicional, hacer pruebas o lo que
deseemos

2.3.3. INSTALACIÓN DE CENTOS

Al igual que en Debian y en cualquier otra instalación de un sistema operativo, hay que introducir el medio de instalación para comenzar con ella, la imagen ISO de CentOS se puede descargar en https://www.centos.org/download/ (yo aconsejo la versión minimal y después se le instala los componentes y aplicaciones que se requieran).

Al arrancar desde la ISO se verá lo siguiente:

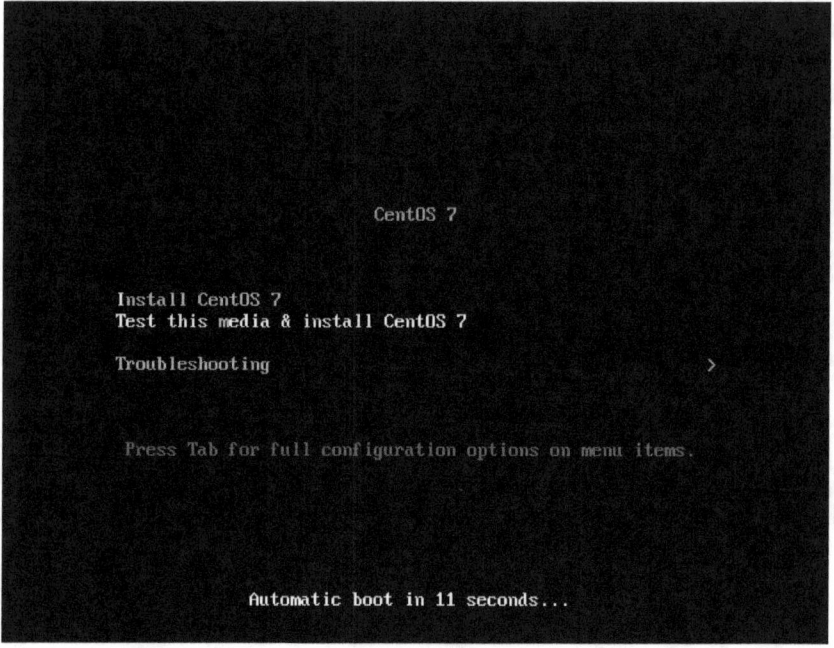

Después de seleccionar la opción "Install CentOS 7" nos aparecerá la pantalla de selección de idioma:

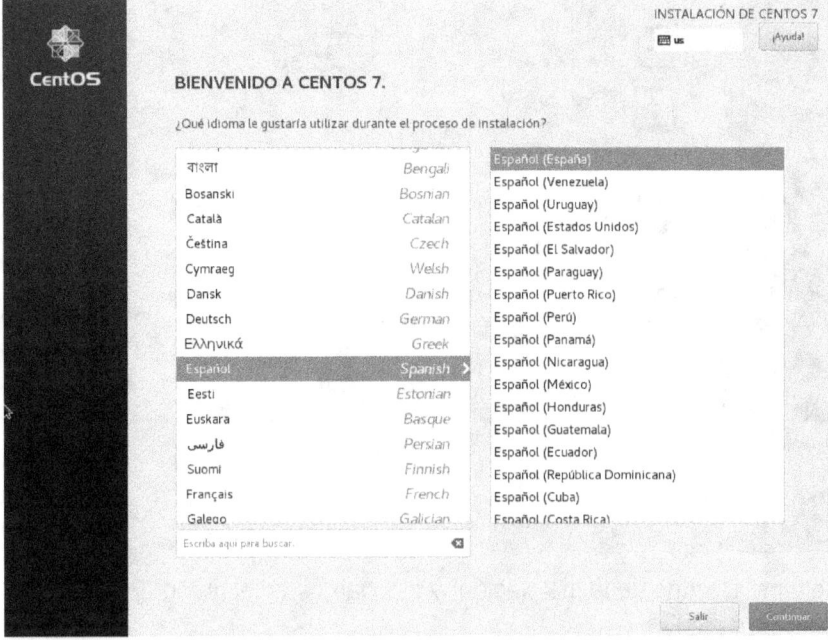

Elegimos el idioma que queramos y el tipo de teclado. Después pulsamos continuar.

Tras esto debemos escoger es destino de la instalación (el disco duro de destino):

Elegimos "Destino de la Instalación" y pinchamos en el botón "Empezar instalación".

Seleccionamos el disco de destino. Si se quiere cifrar la partición solamente necesitarías pinchar en "cifrar mis datos" y luego seleccionaríamos las opciones de cifrado en la siguiente pantalla. Pinchamos en el botón "Listo".

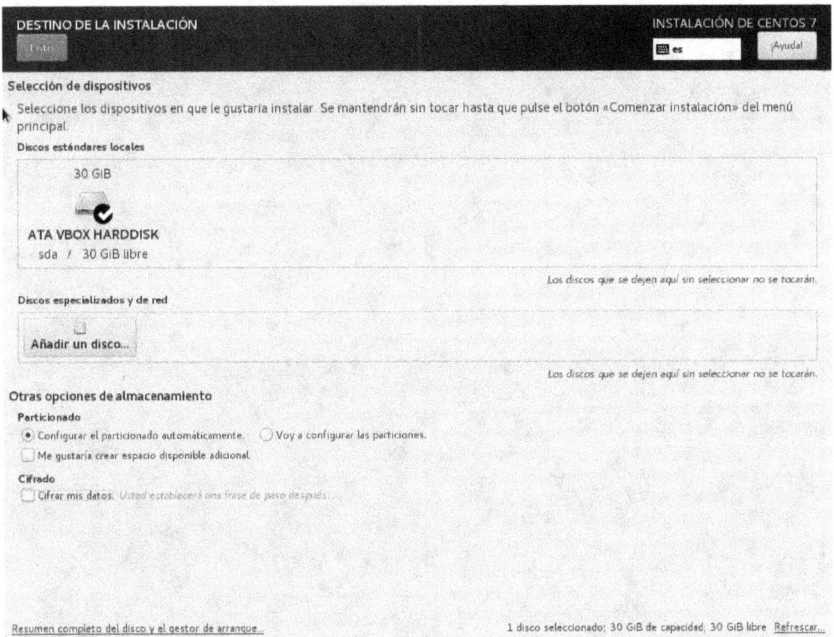

Selección de dispositivos

Seleccione los dispositivos en que le gustaría instalar. Se mantendrán sin tocar hasta que pulse el botón «Comenzar instalación» del menú principal.

Discos estándares locales

30 GiB

ATA VBOX HARDDISK
sda / 30 GiB libre

Los discos que se dejen aquí sin seleccionar no se tocarán.

Discos especializados y de red

Añadir un disco...

Los discos que se dejen aquí sin seleccionar no se tocarán.

Otras opciones de almacenamiento

Particionado

⦿ Configurar el particionado automáticamente.   ◯ Voy a configurar las particiones.

☐ Me gustaría crear espacio disponible adicional.

Cifrado

☐ Cifrar mis datos. *Usted establecerá una frase de paso después.*

Resumen completo del disco y el gestor de arranque...   1 disco seleccionado; 30 GiB de capacidad; 30 GiB libre Refrescar...

En la siguiente pantalla configuraremos las opciones de red, para ello hay que habilitar la interfaz con la que vayamos a trabajar. Se hace en el slider que aparece a la derecha del nombre y descripción de la interfaz.

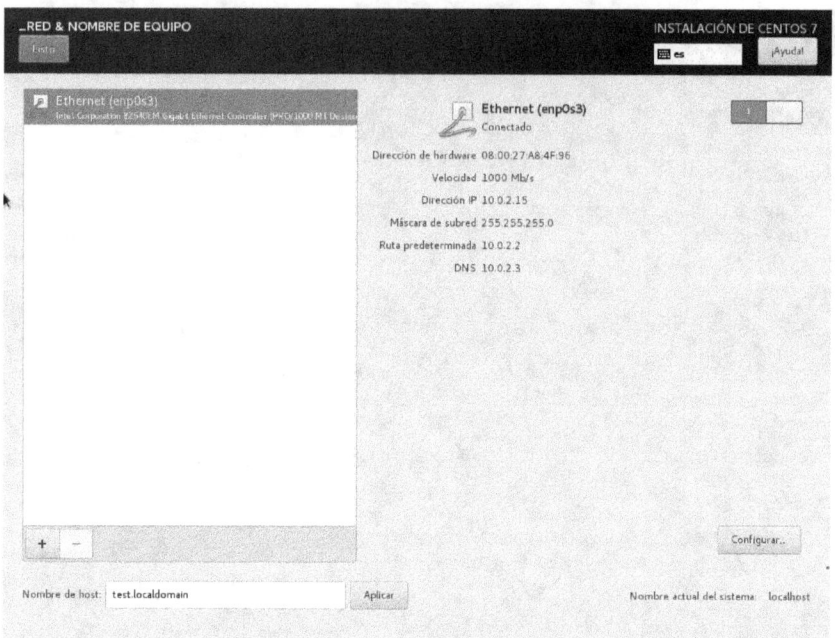

Si se requiere de alguna configuración de red específica tendremos que pinchar en el botón configurar para que salga a la pantalla de configuración de red como se puede ver en la imagen:

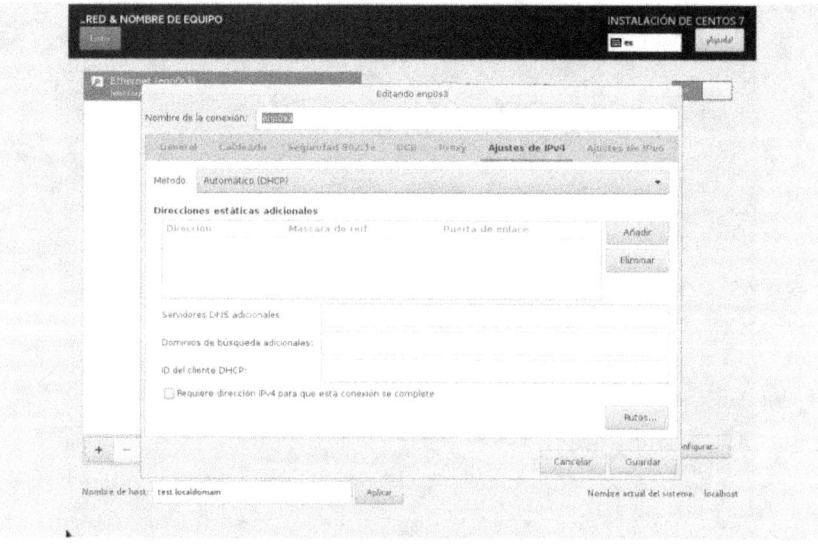

Una vez configurada la red, pinchamos en el botón "Listo" y veremos la
política de seguridad, pinchamos de nuevo en el botón "listo":

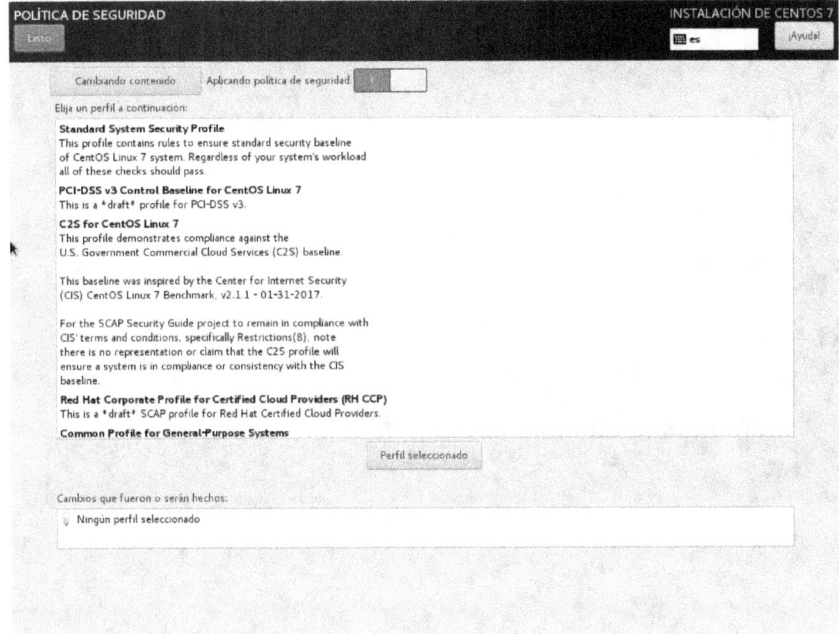

Ahora ya solo nos queda configurar la contraseña del usuario root y
añadir el nuevo usuario:

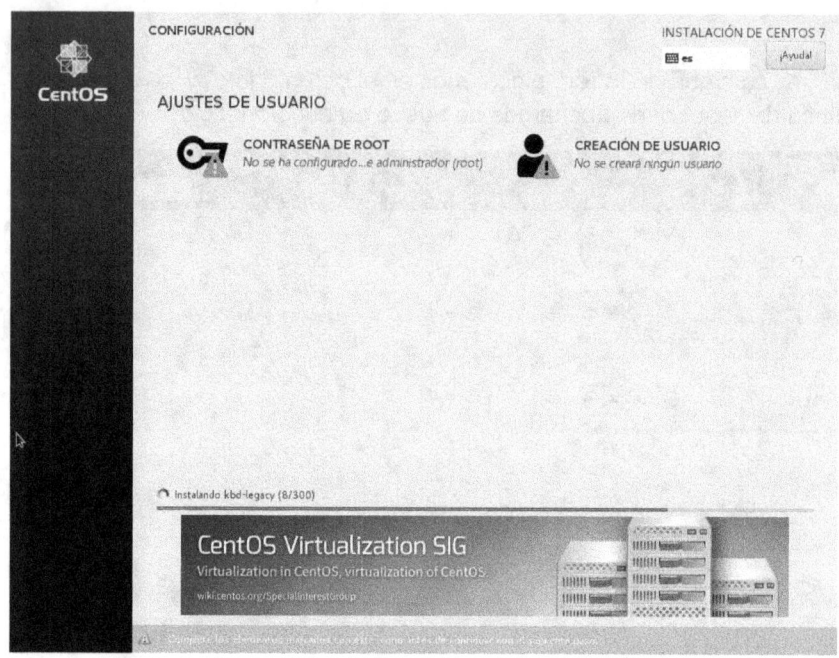

Lo primero que vamos a hacer es establecer la contraseña de root:

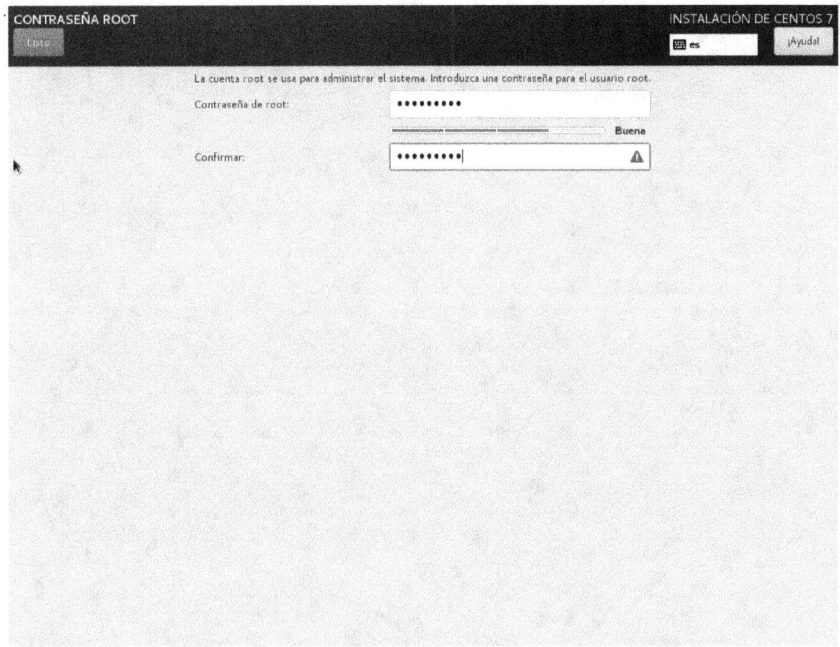

Luego, configuraremos si lo necesitamos un nuevo usuario en el sistema. SI vamos a utilizar el sistema con un entorno de escritorio es conveniente crearlo. Para crearlo solamente debemos rellenar el formulario:

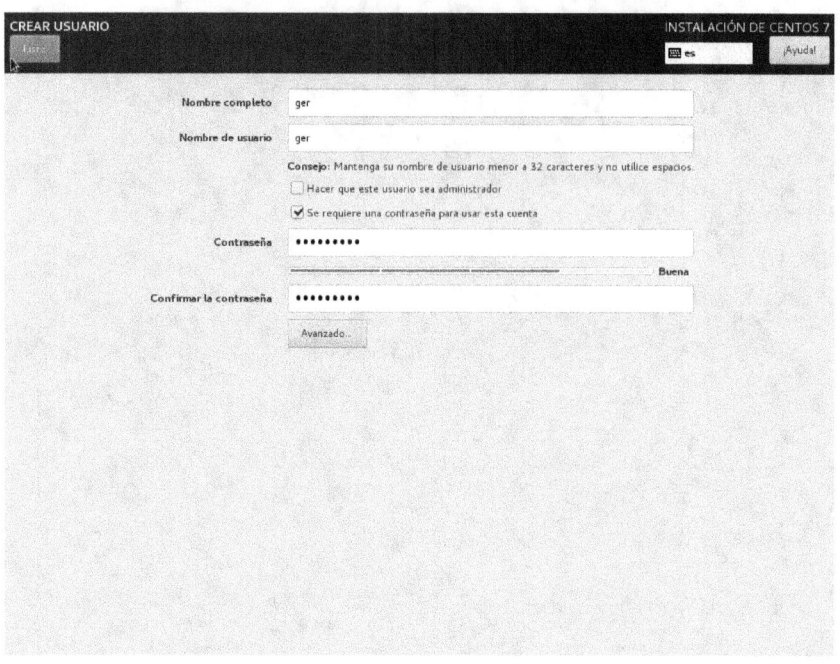

Ya solo queda esperar a que termine.

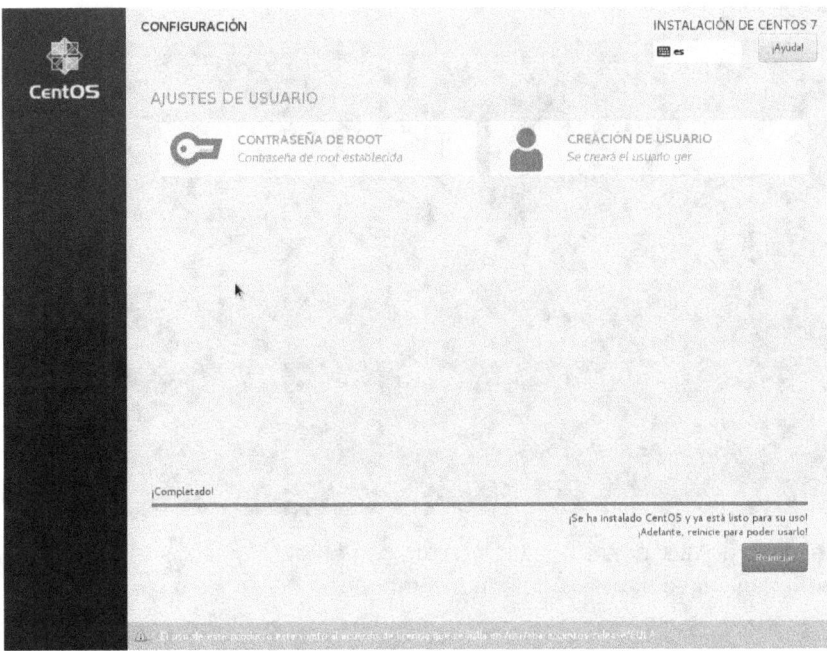

Una ver terminado el proceso se le pide reiniciar al sistema y veremos ya el GRUB (boot loader MBR):

```
CentOS Linux (3.10.0-862.el7.centos.plus.i686) 7 (AltArch)
CentOS Linux (0-rescue-eddfe11115a343129a3b28b9692f05e4) 7 (AltArch)




















Use the ↑ and ↓ keys to change the selection.
Press 'e' to edit the selected item, or 'c' for a command prompt.
```

Ahora ya tenemos un sistema Linux en modo texto. Ahora podemos ver la Shell activa.

```
CentOS Linux 7 (AltArch)
Kernel 3.10.0-862.el7.centos.plus.i686 on an i686

test login:
```

En el caso de que queramos un sistema con entorno gráfico, debemos hacer login y ejecutar los siguientes comandos:

Primero instalaremos el grupo de aplicaciones del escritorio KDE (Más información sobre este escritorio en https://www.kde.org/). Entraremos más en detalle sobre cómo realizar instalaciones más adelante (en otro capítulo). Si en vez de querer instalar KDE queremos instalar GNOME o lxde u otro, solo tenemos que sustituir "kde" por el escritorio en cuestión. El comando para instalar el entorno gráfico y el escritorio KDE en CentOS y otras distribuciones basadas en RedHat es: "yum groupinstall 'kde' 'X Window System' -y"

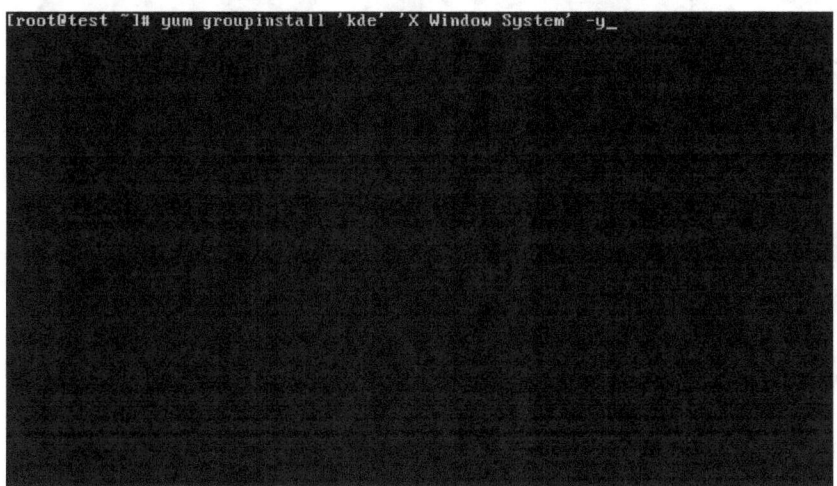

```
[root@test ~]# yum groupinstall 'kde' 'X Window System' -y_
```

```
(194/684): kamera-4.10.5-5.el7.i686.rpm                        |  63 kB   00:00
(195/684): kate-part-4.10.5-6.el7.i686.rpm                     | 1.6 MB   00:00
(196/684): kcalc-4.10.5-4.el7.i686.rpm                         | 178 kB   00:00
(197/684): gtk3-3.22.26-4.el7_5.i686.rpm                       | 4.3 MB   00:02
(198/684): kcharselect-4.10.5-3.el7.i686.rpm                   |  93 kB   00:00
(199/684): kcm-gtk-0.5.3-14.el7.i686.rpm                       |  54 kB   00:00
(200/684): kcm_colors-4.11.19-12.el7.i686.rpm                  | 148 kB   00:00
(201/684): kcm_touchpad-0.3.1-11.el7.i686.rpm                  |  47 kB   00:00
(202/684): kcolorchooser-4.10.5-3.el7.i686.rpm                 |  15 kB   00:00
(203/684): iso-codes-3.46-2.el7.noarch.rpm                     | 2.7 MB   00:01
(204/684): kde-base-artwork-4.10.5-2.el7.noarch.rpm            | 7.1 MB   00:01
(205/684): kde-baseapps-libs-4.10.5-6.el7.i686.rpm             | 436 kB   00:00
(206/684): kde-filesystem-4-47.el7.i686.rpm                    |  48 kB   00:00
(207/684): kde-plasma-networkmanagement-0.9.0.9-7.el7.i686     | 541 kB   00:00
(208/684): kde-baseapps-4.10.5-6.el7.i686.rpm                  | 3.5 MB   00:01
(209/684): kde-print-manager-4.10.5-4.el7.i686.rpm             | 273 kB   00:00
(210/684): kde-plasma-networkmanagement-libs-0.9.0.9-7.el7     | 1.0 MB   00:00
(211/684): kde-runtime-drkonqi-4.10.5-11.el7.i686.rpm          | 191 kB   00:00
(212/684): kde-runtime-libs-4.10.5-11.el7.i686.rpm             | 1.2 MB   00:00
(213/684): kde-settings-19-23.7.el7.centos.noarch.rpm          |  33 kB   00:00
(214/684): kde-settings-ksplash-19-23.7.el7.centos.noarch.     |  16 kB   00:00
(215/684): kde-settings-plasma-19-23.7.el7.centos.noarch.r     |  16 kB   00:00
(216/684): kde-settings-pulseaudio-19-23.7.el7.centos.noar     |  15 kB   00:00
(217/684): kde-style-oxygen-4.11.19-12.el7.i686.rpm            | 418 kB   00:00
(219/684): kde-workspace-4  35% [======-          ] 6.5 MB/s  | 159 MB   00:44 ETA
```

Una vez instalado el entorno gráfico, tenemos que hacer que el sistema operativo arranque en modo gráfico, para ello ejecutamos: "systemctl set-default graphical.target".

Después de configurar el arranque reiniciamos ejecutando "init 6" o "reboot":

```
 spice-gtk3.i686 0:0.34-3.el7_5.2
 telepathy-farstream.i686 0:0.6.0-5.el7
 telepathy-gabble.i686 0:0.18.1-4.el7
 telepathy-haze.i686 0:0.8.0-1.el7
 telepathy-mission-control.i686 1:5.16.3-3.el7
 telepathy-salut.i686 0:0.8.1-6.el7
 tracker.i686 0:1.10.5-6.el7
 unbound-libs.i686 0:1.6.6-1.el7
 unzip.i686 0:6.0-19.el7
 usbmuxd.i686 0:1.1.0-1.el7
 usbredir.i686 0:0.7.1-3.el7
 vte-profile.i686 0:0.46.2-1.el7
 vte291.i686 0:0.46.2-1.el7
 webkitgtk3.i686 0:2.4.11-2.el7
 xcb-util-renderutil.i686 0:0.3.9-3.el7
 xcb-util-wm.i686 0:0.4.1-5.el7
 xdg-desktop-portal.i686 0:0.5-2.el7
 zip.i686 0:3.0-11.el7

¡Listo!
[root@test ~]# systemctl set-default graphical.target
Removed symlink /etc/systemd/system/default.target.
Created symlink from /etc/systemd/system/default.target to /usr/lib/systemd/syst
em/graphical.target.
[root@test ~]# init 6
```

Tras reiniciar podemos ver como ya tenemos entorno gráfico:

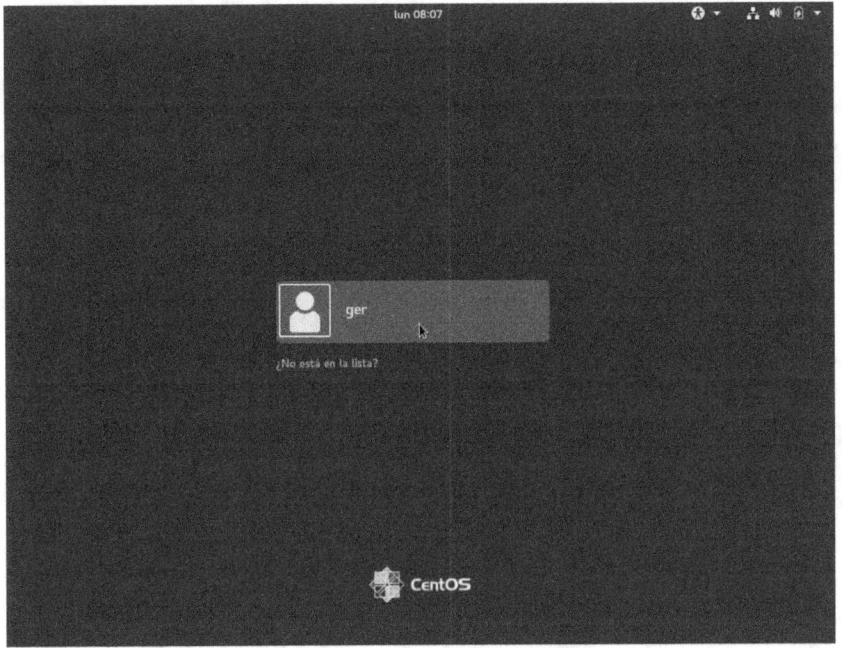

Si hacemos login, podemos ver como en nuestro caso está instalado KDE:

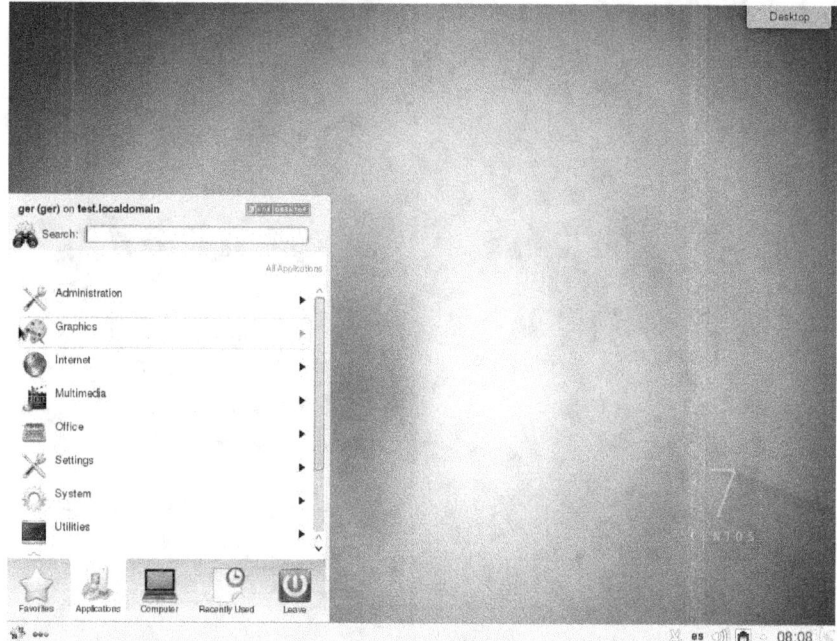

2.3.4. RECOMENDACIONES PARA INSTALACIONES EN BASE AL USO

Dependiendo del tipo de sistema te recomiendo un sistema distinto:

- Sistema de escritorio:

  - **Recomiendo cualquier variedad de ubuntu:** Tiene alta compatibilidad con todo el hardware más nuevo del mercado e incorpora soporte para los últimos drivers, módulos del Kernel y Kernel en sí y aplicaciones disponibles desde los repositorios oficiales. La instalación es similar a la de debian (de hecho Ubuntu está bajado en debian). Se puede descargar desde https://www.ubuntu.com/download/desktop

  - **Como segunda opción recomiendo Fedora:** Es un sistema muy actualizado y aunque desde mi punto de vista, menos compatible con hardware y software nuevo, es bastante compatible. Este sistema está basado en RedHat y puede descargarse en https://getfedora.org/en/workstation/download/

- Sistemas de servidor:

  - **En primer lugar recomiendo CentOS:** Está basado en RedHat, es bastante estable. A nivel de aplicaciones y kernel es muy parecido a RedHat. Puede descargarse en https://www.centos.org/download/ (version minimal)

  - **En segundo lugar Debian:** Igualmente es muy estable y a nivel de servidor web entre otros tiene mejor paquetería (sobre todo para apache), se puede descargar desde https://www.debian.org/CD/netinst/

CAPITULO 3: ESTRUCTURA DE FICHEROS Y PRIMEROS COMANDOS

3.1. ESTRUCTURA DE FICHEROS DEL SISTEMA

En un sistema Linux existen los siguientes directorios base:

Directorio	Descripción
/	Es el directorio raíz, todos los demás directorios cuelgan de ese directorio. Suele ser el directorio donde se monta el disco principal
/etc	En este directorio se suelen guardar las configuraciones de las aplicaciones y servicios instalados en el sistema
/home	En este directorio es donde se crean por defecto los directorios *home de los usuarios.
/root	Es el directorio home del usuario root. Este es el superusuario del sistema, tiene ID 0 y puede modificar casi cualquier cosa, es el usuario administrador.
/boot	En este directorio se guardan todos los ficheros necesarios para que arranque el sistema. Contiene los ficheros del Kernel y del cargador de arranque, por defecto suele ser Grub

/bin	Aquí están localizados ficheros binarios ejecutables del sistema
/sbin	Al igual que en el directorio anterior se guardan ficheros ejecutables del sistema, pero en este directorio solo se guardan los que debe ejecutar únicamente el usuario root
/lib	En este directorio se guardan librerías del sistema
/lib64	Aquí se guardan únicamente las librerías del sistema que son de 64bits
/proc	Este directorio no existe en el disco duro, se monta desde la memoria RAM. Contiene información sobre el hardware donde está corriendo el sistema, información sobre los procesos y se pueden modificar opciones del sistema en ejecución
/dev	Al igual que el anterior este directorio no existe en el disco duro. Este directorio contiene todos los dispositivos detectados desde que el sistema está arrancado. Como discos duros, RAM, etc...
/mnt y /media	En estos directorios se suelen montar los puntos de montaje del almacenamiento que se ha conectado desde que arrancó por última vez el sistema operativo.
/opt	Es un sitio donde puede instalar aplicaciones opcionales
/tmp	Es un directorio donde se suelen guardar ficheros y directorios temporales. Suele ser un directorio cargado en memoria

/usr	Aplicaciones y ficheros a los que pueden acceder la mayoría de los usuarios. Dentro tiene directorios como "bin", "sbin","lib" en los que se guardan los ficheros y librerías que no son del sistema.
/var	Contiene ficheros y archivos variables, como logs, bases de datos, etc
/sys	Archivos del sistema y de dispositivos hardware. Muy parecido a /proc. El directorio solo existe en memoria
/srv	Pueden contener ficheros y directorios destinados a servir a otros sistemas
/lost+found	Directorio de "perdido y encontrado", se guardan ficheros recuperados debajo de /

*Directorio home de usuario: es donde se guarda la configuración de un usuario, historial, escritorio, etc

3.2. COMANDO BÁSICOS DE LINUX

Antes de empezar, quiero explicar algunos comandos básicos que son necesarios para seguir adelante.

3.3. COMODINES Y ESCAPE DE CARACTERES

Los comodines son caracteres especiales que nos pueden servir para reemplazar caracteres en búsquedas y en comandos y aunque lo enseñemos con el comando *ls* se puede utilizar con comando que trabaje con ficheros y directorios (*cat, grep, sed, cp, mv, scp,rsync, rm, rmdir, ...*):

CUALQUIER GRUPO DE CARACTERES

Cuando queremos representar un grupo de caracteres sin especificar el numero o tipo de caracteres podemos utilizar el carácter *"*"*. Es decir si nosotros ejecutamos "*ls -al*" veremos todos los ficheros contenidos en el directorio al igual que si ejecutamos "*ls -al **".

Lo explicamos con ejemplos:

Comando	Ejemplo	Descripción
cd	cd directorio	Cambia de directorio, sirve para navegar entre los distintos directorios del sistema
mkdir	mkdir directorio	Crea directorio
echo	echo "texto"	Imprime la cadena texto en pantalla
ls	ls directorio	Lista el contenido del directorio
top	top	Nos facilita los procesos que mas consumen del sistema
ps	ps	Nos de información sobre procesos actual
du	du fichero	Lista el tamaño ocupado por un fichero o directorio
df	df	Devuelve la ocupación total por disco
rm	rm fichero	Borra un fichero
date	date	Nos dice la fecha y hora del sistema
time	time comando	Mide el tiempo de ejecución de un comando
hostname	hostname	Reporta el hostname del sistema

hostname	hostname NOMBRE	Establece el nombre del sistema. Solo hasta el reinicio, si se quiere hacer permanente tiene que hacerse en /etc/hostname
uptime	uptime	Carga actual y el tiempo desde el ultimo inicio del sistema
cat	cat fichero O cat fichero1 fichero2	Imprime en pantalla el contenido de un fichero de texto plano
grep	grep cadena fichero	Busca una cadena de texto en un fichero
uname	uname -a	Nos facilita la información del kernel y sistema

Si vemos que contiene el directorio */tmp/comodines*, podemos observar que contiene varios ficheros ".*txt*", ejecutando "*ls -al*" vemos todo el contenido:

Si ejecutamos "*ls -al **" en este caso veremos exactamente lo mismo ya que el carácter "***" representa a cualquier carácter excepto al "." inicial, es decir si algún fichero se llamase ".nombre" al ejecutar "*ls -al **" no aparecería:

```
ger@ger: /tmp/comodines
Archivo  Editar  Ver  Buscar  Terminal  Ayuda
ger@ger:/tmp/comodines$ ls -al *
-rw-r--r-- 1 ger ger 0 oct 20 19:00 idea2.txt
-rw-r--r-- 1 ger ger 0 oct 20 19:00 idea.txt
-rw-r--r-- 1 ger ger 0 oct 20 18:59 video1.txt
-rw-r--r-- 1 ger ger 0 oct 20 18:59 Video2.txt
ger@ger:/tmp/comodines$
```

Como comentábamos anterior mente podemos filtrar por grupo de
caracteres en este caso aparecen todos los ficheros que contengan la
cadena "*deo*", por lo que los dos "***" representan el grupo de caracteres
de antes y después de la cadena "*deo*":

```
ger@ger: /tmp/comodines
Archivo  Editar  Ver  Buscar  Terminal  Ayuda
ger@ger:/tmp/comodines$ ls -al *deo*
-rw-r--r-- 1 ger ger 0 oct 20 18:59 video1.txt
-rw-r--r-- 1 ger ger 0 oct 20 18:59 Video2.txt
ger@ger:/tmp/comodines$
```

Ahora crearemos un fichero llamado *video.md* para que tenga otra
extensión distinta:

```
ger@ger: /tmp/comodines
Archivo  Editar  Ver  Buscar  Terminal  Ayuda
ger@ger:/tmp/comodines$ touch video.md
ger@ger:/tmp/comodines$ ls -al
total 16
drwxr-xr-x  2 ger  ger   4096 oct 21 15:17 .
drwxrwxrwt 27 root root 12288 oct 21 15:17 ..
-rw-r--r--  1 ger  ger      0 oct 20 19:00 idea2.txt
-rw-r--r--  1 ger  ger      0 oct 20 19:00 idea.txt
-rw-r--r--  1 ger  ger      0 oct 20 18:59 video1.txt
-rw-r--r--  1 ger  ger      0 oct 20 18:59 Video2.txt
-rw-r--r--  1 ger  ger      0 oct 21 15:17 video.md
ger@ger:/tmp/comodines$
```

Si volvemos a buscar cualquier fichero o directorio que contenga la
cadena "*deo*" veremos que aparece el nuevo fichero:

```
ger@ger: /tmp/comodines
Archivo  Editar  Ver  Buscar  Terminal  Ayuda
ger@ger:/tmp/comodines$ ls -al *deo*
-rw-r--r-- 1 ger ger 0 oct 20 18:59 video1.txt
-rw-r--r-- 1 ger ger 0 oct 20 18:59 Video2.txt
-rw-r--r-- 1 ger ger 0 oct 21 15:17 video.md
ger@ger:/tmp/comodines$
```

También podemos filtrar por extensión ejecutando "*ls -al*
*.EXTENSION":

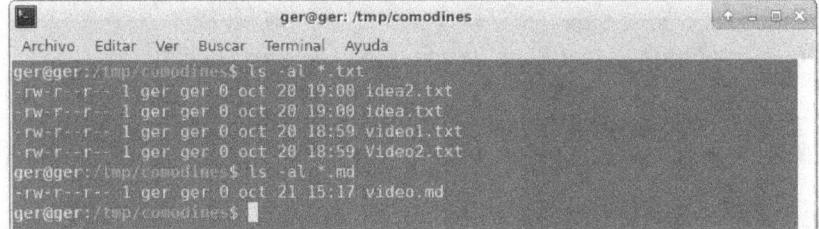

Si creamos un fichero llamado "*.video1.txt*" como hemos comentado
antes al buscar todos los ficheros que tengan extensión txt filtrando con
"*ls -al *.txt*" o al tratar de ver todos los ficheros con "*ls -al **" no se verá
ya que tiene un "." inicial:

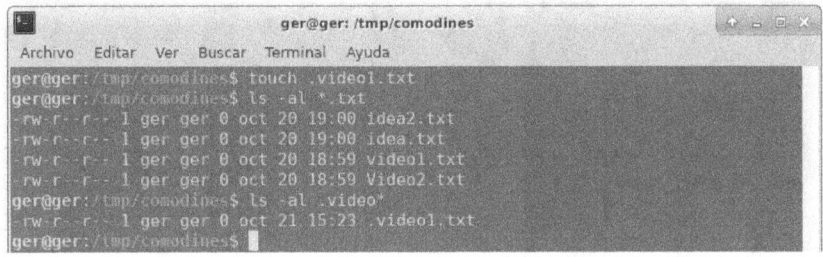

CUALQUIER CARÁCTER

Al igual que hemos explicado en el apartado anterior con el carácter "*" hay otros caracteres especiales que nos ayudan a realizar búsquedas reemplazando otros caracteres, en este caso el carácter "?" simula ser un cualquier **único** carácter, es decir si ejecutamos en el directorio del ejemplo anterior "*ls -al video?.txt*" nos mostrará un único fichero ya que solo hay un fichero con extensión "*txt*" que empiece por "*video*" y tenga un carácter entre el la cadena "*video*" y "*.txt*":

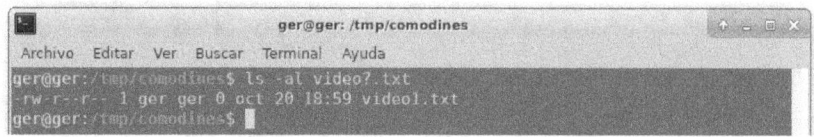

Si ejecutamos "*ls -al ?ideo?.txt*" saldrán 2 ficheros ya que el primer carácter lo reemplazamos por un "*?*":

```
ger@ger:/tmp/comodines$ ls -al ?ideo?.txt
-rw-r--r-- 1 ger ger 0 oct 20 18:59 video1.txt
-rw-r--r-- 1 ger ger 0 oct 20 18:59 Video2.txt
ger@ger:/tmp/comodines$
```

Se pueden combinar los caracteres "*?*" y "***" para ajustar el texto a nuestra búsqueda con más precisión:

```
ger@ger:/tmp/comodines$ ls -al ?ideo.*
-rw-r--r-- 1 ger ger 0 oct 21 15:17 video.md
ger@ger:/tmp/comodines$ ls -al ?ideo*.*
-rw-r--r-- 1 ger ger 0 oct 20 18:59 video1.txt
-rw-r--r-- 1 ger ger 0 oct 20 18:59 Video2.txt
-rw-r--r-- 1 ger ger 0 oct 21 15:17 video.md
ger@ger:/tmp/comodines$
```

Cabe destacar en a diferencia del carácter asterisco ("***") con el carácter de interrogación debemos escribir tantos caracteres "*?*" como queramos representar. Es decir, si tenemos 3ficheros y uno se llama "*aaabbb001*", otro se llama "*bcaabc902*" y el ultimo se llama "*0bcabbb002*":

Y solo queremos que nos aparezcan los que no empiecen por "*0*", tenemos que representar tantos caracteres como similitudes tengan los nombres, en este caso la longitud de 9 caracteres:

También se puede indicar algún carácter común:

QUE EMPIECE POR X

En el tema de los comodines también podemos necesitar buscar algo que empiece por algún carácter, esto se hace con el carácter "^" seguido de la cadena que buscamos, por ejemplo si una línea empieza por la cadena "*Ejemplo*" podríamos indicar "*^Ej*", eso representaría esta cadena.

Podemos ver un ejemplo buscando directorios o ficheros con un comando "*ls -al*", con este comando los directorios se representan con una "*d*" al principio de la línea y los ficheros con un "-":

```
ger@ger: /tmp/comodines

Archivo   Editar   Ver   Buscar   Terminal   Ayuda
ger@ger:/tmp/comodines$ ls -al
total 16
drwxr-xr-x  2 ger  ger    4096 oct 21 15:22 .
drwxrwxrwt 27 root root  12288 oct 21 15:24 ..
-rw-r--r--  1 ger  ger       0 oct 20 19:00 idea2.txt
-rw-r--r--  1 ger  ger       0 oct 20 19:00 idea.txt
-rw-r--r--  1 ger  ger       0 oct 21 15:23 .video1.txt
-rw-r--r--  1 ger  ger       0 oct 20 18:59 video1.txt
-rw-r--r--  1 ger  ger       0 oct 20 18:59 Video2.txt
-rw-r--r--  1 ger  ger       0 oct 21 15:17 video.md
ger@ger:/tmp/comodines$
ger@ger:/tmp/comodines$
ger@ger:/tmp/comodines$
ger@ger:/tmp/comodines$ ls -al |grep "^d"
drwxr-xr-x  2 ger  ger    4096 oct 21 15:22 .
drwxrwxrwt 27 root root  12288 oct 21 15:24 ..
ger@ger:/tmp/comodines$
ger@ger:/tmp/comodines$
ger@ger:/tmp/comodines$
ger@ger:/tmp/comodines$ ls -al |grep "^to"
tal 16
ger@ger:/tmp/comodines$
```

Podemos hacer lo contrario, es decir que no empiece por ese carácter
o cadena. Por ejemplo con el ejemplo del comodín de carácter o
interrogante buscábamos en el ejemplo 2 ficheros que no empezasen
por 0, con "*grep -v*" descartamos todas las coincidencia y con el
sombrero o "^" y la cadena a buscar generamos la coincidencia, es más
sencillo y más corto que la otra forma:

Tenemos los 3 ficheros y solo mostramos los que no empiezan por 0:

```
ger@ger:/tmp/comodines2$ ls -l
total 0
-rw-r--r-- 1 ger ger 0 oct 22 20:29 0bcabbb002
-rw-r--r-- 1 ger ger 0 oct 22 20:29 aaabbb001
-rw-r--r-- 1 ger ger 0 oct 22 20:29 bcaabc902
ger@ger:/tmp/comodines2$ ls |grep -v "^0"
aaabbb001
bcaabc902
ger@ger:/tmp/comodines2$
```

3.4. TECLAS ESPECIALES

Cuando estamos dentro de una terminal Linux, podemos efectuar varias operaciones que equivalen a un comando solamente pulsando una combinación de teclas, a continuación describimos algunas de ellas:

Si estamos ejecutando un comando y no queremos teclearlo completamente, pulsamos una vez el tabulador y se completará (no funciona con los parámetros, solo con el nombre del comando).

Si no sabemos el nombre de un fichero ejecutable y lo queremos ejecutar o un parámetro de un comando que sea un fichero o directorio y queremos que se autocomplete, solo tenemos que pulsar dos veces el tabulador.

Si queremos limpiar la pantalla del terminal en vez de ejecutar el comando "*clear*" pulsamos *CTR+L* y se limpiará la pantalla.

Lo mismo ocurre con el comando "*exit*", podemos salir del terminal pulsando *CTR+d*.

Para borrar la última palabra escrita, podemos utilizar *CTR+W*.

Si estamos dentro de un terminal Linux y no desde un cliente SSH como por ejemplo putty, con *CTR+T* abrimos una nueva pestaña (siempre que sea en un entorno gráfico), si es un linux en modo texto, podemos cambiar de terminal con *CTR+ALT+F1* hasta *CTR+ALT+F12*.

Si estamos en un Linux en modo texto delante de su terminal físico, con *CTR+ALT+SUPR* reiniciamos el equipo, mucho cuidado.

CAPÍTULO 4: PROFUNDIZANDO UN POCO MÁS EN EL SISTEMA

4.1. NIVELES DE EJECUCIÓN EN LINUX

En Linux existen varios niveles de arranque o runlevels, cada runlevel tiene características distintas.

- Runlevel 0: El sistema está iniciando el apagado o está apagado

- Runlevel 1: Se está ejecutando en modo mono usuario y sin red

- Runlevel 2: Aquí estamos ejecutando modo multiusuario sin red

- Runlevel 3: Este runlevel es multiusuario con red

- Runlevel 4: No se usa

- Runlevel 5: En este runlevel podemos ejecutar el escritorio, es utilizado por X11

- Runlevel 6: Reinicio

El esquema anterior es el clásico, cuando se utilizaba inittab para configurar el arranque (veremos mas adelante lo que es). En las nuevas versiones que incluyen "**systemd**" ya no se usa identificador numérico, por lo que, los runlevels quedan así:

```
# systemctl list-units --type=target

UNIT            LOAD   ACTIVE SUB    DESCRIPTION

basic.target        loaded active active Basic System

cryptsetup.target   loaded active active Encrypted Volumes

getty.target        loaded active active Login Prompts

graphical.target    loaded active active Graphical Interface

local-fs-pre.target loaded active active Local File Systems (Pre)

local-fs.target     loaded active active Local File Systems

multi-user.target   loaded active active Multi-User System
```

En este caso "multi-user.target" es equivalente a runlevel 3.

Se puede ver con que target se arranca por defecto ejecutando: *systemctl get-default*

Antes de systemd, esto se podía ver (y configurar) en "*/etc/inittab*" .

El comando "*systemctl get-default*" lo único que hace es gestionar el enlace simbólico que relaciona el target por defecto, esta es la salida del comando:

```
rm '/etc/systemd/system/default.target'

ln -s '/usr/lib/systemd/system/multi-user.target' '/etc/systemd/system/default.target'
```

En los sistemas sin systemd, se puede ver el modo de ejecución por defecto ejecutando el comando "*runlevel*". Con systemd se hace con el comando "*systemctl list-units --type=target*".

Se puede iniciar un runlevel con el comando "init", por ejemplo, ejecutando "*init 6*", reiniciaremos el sistema.

4.2. QUÉ ES SYSTEMD

Como dice en su web oficial:

«SystemD es un conjunto de bloques de construcción básicos para un sistema Linux. Proporciona un administrador de sistemas y servicios que se ejecuta como PID 1 e inicia el resto del sistema.».

¿Esto que quiere decir? Que systemd es el encargado de gestionar todo, desde la red, hasta los servicios, pasando por los DNS y el CRON.

Para identificar si un sistema tiene instalado systemd podemos ver el listado de paquetes, ver si tiene disponible el comando *systemctl* o ver si tiene el binario *systemd:*

```
root@ger:/home/ger# whereis systemd

systemd: /usr/lib/systemd /bin/systemd /etc/systemd /lib/systemd /usr/share/systemd /usr/share/man/man1/systemd.1.gz

root@ger:/home/ger#
```

4.3. GESTIÓN DE FICHEROS Y DIRECTORIOS

Una de las partes mas importantes de la administración de un sistema operativo es la gestión de ficheros y directorios.

Por ejemplo, como hemos visto antes para crear un directorio se utiliza "*mkdir nombre_directorio*", pero si queremos crear un árbol de directorios con un solo comando, tendríamos que ejecutar: "mkdir -p /directorio/subdirectorio/sub-subdirectorio".

Por otro lado si queremos eliminar un directorio vacío podemos ejecutar "*rmdir DIRECTORIO*", pero si no sabemos si el directorio está vacío o lleno debemos ejecutar "*rm -fr DIRECTORIO*". Si en vez de borrar un directorio queremos borrar un fichero, solamente debemos ejecutar el comando sin la opcion "-r", es decir "*rm -f fichero*"

Para mover un directorio o un fichero de un lugar a otro solamente debemos ejecutar: "mv DIRECTORIO DESTINO". Este comando también se utiliza para renombrar el directorio, por ejemplo: "mv DIRECTORIO NUEVO_NOMBRE". En este caso el directorio de destino no debe existir.

Copiar directorios es muy sencillo, solo se debe ejecutar "cp -fr Directorio Destino". En caso de que sea un fichero, no sería necesario incluir la opción "-r".

Dentro de este apartado también queremos incluir la redirección de salida de un comando a un fichero. Esto se realiza incluyendo al final de un comando ">" y el nombre del fichero, es decir: "*comando > fichero*". Con esto estamos redirigiendo la salida standard de un comando a un fichero. La salida de errores no se estaría redirigiendo al fichero.

En algunos casos, hay comandos que pueden cargar ficheros directamente, para hacer lo contrario que lo que hemos hecho en el caso anterior, es decir, cargar un fichero a un comando, solo tenemos que incluir "<" y el nombre del fichero al final del comando: "*comando < fichero*" y de esta forma se cargaría el fichero en el comando.

Para crear un fichero vacío se puede hacer de varias formas, dos de ellas son:

1- Redirigir la salida de ' echo "" ' al fichero que queremos crear.

2- Utilizar touch para crear el fichero ejecutando "*touch fichero*"

Como hemos visto antes, el comando "ls" lista los fichero y directorios contenidos dentro de una ruta. Si queremos ver todos los ficheros, organizar la lista, ver permisos y fecha de creación y acceso, solo debemos ejecutar "*ls -al ruta*".

Al ejecutar este último comando, se puede apreciar que en el listado aparecen "." y "..",

Esto son rutas relativas, donde "." representa el directorio actual y ".." el directorio justo por encima. Podemos hacer referencia a un directorio que se encuentra en una ruta por encima de nuestro directorio ejecutando por ejemplo "ls -al ../directorio2", donde el directorio actual se llamaría "*directorio*" y el otro directorio se llamaría "*directorio2*" y estarían colgando de barra, tendríamos:

/

/directorio (este sería el directorio actual ".")

/directorio2 (este sería "../directorio2")

CAPÍTULO 5: VI / VIM

5.1. ¿QUÉ ES VI?

Vi es el editor de texto por excelencia en Linux. Existen otros editores, como por ejemplo nano. La potencia de este editor reside en los comandos propios que tiene.

Para empezar a utilizar el editor "*vi*" debemos ejecutar: *vi NOMBRE_DE_FICHERO*

Para empezar con este editor debo decir que existen varios modos:

1. **Modo "insert":** Se accede a el pulsando la tecla "*i*", es el modo que permite editar libremente el texto.

2. **Modo "comandos":** Es el modo por defecto, se accede a el desde otros modos pulsando la tecla "*ESC*" o "CTR+C". Permite configurar el editor, guardar, modificar el aspecto visual del editor, deshacer y rehacer, buscar texto, etc.

3. **Modo "visual":** Este modo permite realizar operaciones de bloques editando de forma visual. Por ejemplo, se puede cambiar el texto seleccionado de mayúsculas a minúsculas o a la inversa solo pulsando "*u*" o "*U*". Se accede a él pulsando "CTR+V".

5.2. MODO COMANDOS

En este libro solo veremos el modo "*comandos*" ya que es el que más se utiliza para realizar operaciones. Los principales comandos son los siguientes:

Comando	Descripción
:w	Guardar
:w path-fichero	Guarda como un nombre de fichero especifico
:q	Sale del editor si no hay cambios
:q!	Sale del editor haya o no cambios
:wq	Guarda y sale, si no hay permisos apropiados o hay algún problema dará error
:wq!	Intenta guardar y sale sin permitir confirmación, se haga o no el guardado.
?CADENA-TEXTO	Buscar texto desde la ultima coincidencia (desde el final del fichero).
/CADENA-TEXTO	Buscar texto desde la primera coincidencia (desde el principio del fichero).
:NUMERO-LINEA	Se dirige el cursor hasta la línea marcada.
:$	Mueve el cursor al final del ficheros
:0	Mueve el cursor a la primera línea del fichero

:set number	Mostrar número de línea a la izquierda
:syntax off	No resaltar sintaxis de lenguaje (en caso de ser un fichero de bash script o código de algún lenguaje)
:syntax on	Resaltar sintaxis de lenguaje (en caso de ser un fichero de bash script o código de algún lenguaje)

6. USUARIOS, GRUPOS Y PERMISOS

Linux es un sistema operativo que siempre ha sido multiusuario. Implementa un sistema muy sólido de usuarios, grupos y permisos. Parece un poco complicado al principio, pero según profundicemos en el tema se irán despejando las dudas.

6.1. USUARIOS

En Linux hay un usuario predefinido, tiene UID (ID de usuario) numero "0" y es el usuario "root" o "raiz" (aunque se ha traducido siempre se llama root, hay gente que se refiere a el de esta manera), este usuario es el "superusuario" del sistema. Con él se tiene acceso prácticamente a todo. A la hora de ejecutar aplicaciones algunas nos pedirán permisos de "root". Para verificar si somos usuario "root" debemos fijarnos en una cosa (en la consola), el promp. Un usuario normal se muestra con "$", sin embargo root, muestra "#".

Ejemplo de root:

```
root@portatil:~#
```

Ejemplo de usuario

```
ger@portatil:~$
```

Desde este usuario vamos a poder realizar modificaciones en cualquier directorio aunque no tengamos permisos, cambiar la password de cualquier usuario, crear usuarios, eliminar usuarios o modificarlos, etc.

Todos los usuarios tiene un directorio "home", este directorio tiene permisos para que el usuario actual lea, escriba y ejecute. Es el directorio donde se crearán todos los ficheros de configuración del usuario y donde el usuario guardará sus ficheros. En un entorno gráfico, también se alojan directorios como "imágenes", "escritorio", etc. Se puede saber de muchas formas cual es el directorio home del usuario actual, dos de ellas son ejecutar: "echo $HOME" o "echo ~", que como se puede ver en las imágenes nos muestra cual es el directorio:

```
ger@portatil:~$ echo $HOME
/home/ger
ger@portatil:~$
ger@portatil:~$ echo ~
/home/ger
ger@portatil:~$ █
```

Para dirigirnos a este directorio con nuestro usuario solo debemos ejecutar "cd ~" o "cd $HOME".

Si queremos acceder a un directorio home de otro usuario por defecto no podremos a no ser que seamos root ya que mediante permisos suele estar limitado.

Para crear un usuario se utiliza el comando "useradd", este tiene que ejecutarse desde el usuario root.

Por lo que para crear un usuario llamado "juanito" tendríamos que ejecutar:

"useradd -m -s /bin/bash juanito", se puede ampliar con las siguientes opciones:

root@portatil:~# useradd --help

Modo de uso: useradd [opciones] USUARIO

      useradd -D

      useradd -D [opciones]

Opciones:

-b, --base-dir DIR_BASE   directorio base para el directorio personal

              de la nueva cuenta

-c, --comment COMENTARIO   campo GECOS de la nueva cuenta

-d, --home-dir DIR_PERSONAL   directorio personal de la nueva cuenta

-D, --defaults   imprime o cambia la configuración

              predeterminada de useradd

-e, --expiredate FECHA_CADUCIDAD fecha de caducidad de la nueva cuenta

-f, --inactive INACTIVO   periodo de inactividad de la contraseña

              de la nueva cuenta

-g, --gid GRUPO   nombre o identificador del grupo primario de

              la nueva cuenta

-G, --groups GRUPOS   lista de grupos suplementarios de la nueva

              cuenta

-h, --help   muestra este mensaje de ayuda y termina

-k, --skel DIR_SKEL   utiliza este directorio «skeleton» alternativo

-K, --key CLAVE=VALOR   sobrescribe los valores predeterminados de

              «/etc/login.defs»

-l, --no-log-init   no añade el usuario a las bases de datos de

                 lastlog y faillog

-m, --create-home   crea el directorio personal del usuario

-M, --no-create-home   no crea el directorio personal del usuario

-N, --no-user-group   no crea un grupo con el mismo nombre que el

                 usuario

-o, --non-unique   permite crear usuarios con identificadores

                 (UID) duplicados (no únicos)

-p, --password CONTRASEÑA   contraseña cifrada de la nueva cuenta

-r, --system   crea una cuenta del sistema

-R, --root CHROOT_DIR   directorio en el que hacer chroot

-s, --shell CONSOLA   consola de acceso de la nueva cuenta

-u, --uid UID   identificador del usuario de la nueva cuenta

-U, --user-group   crea un grupo con el mismo nombre que el

                 usuario

-Z, --selinux-user USUARIO_SE utiliza el usuario indicado para el usuario

                 de SELinux

  --extrausers   Use the extra users database

Un aspecto interesante de las opciones anteriores es la opción *-s path_de_la_shell* (por ejemplo *-s /bin/bash*), esta opción cambia la shell utilizada por el usuario. Otra opción interesante es *-d /path_del_usuario* esta opción definirá la shell del usuario, por defecto será /home/NOMBRE_DE_USUARIO. Por último, una opción importante es "-o" que usada junto con "-u 0" hace que el nuevo usuario sea equivalente a un alias de root pero con su propia password. Otra

opción interesante es la opción " --expiredate FECHA_CADUCIDAD",
ya que con esta opción se pueden crear usuarios temporales.

Una vez creado el usuario debemos configurar su password, esto se
puede hacer con el usuario root con el comando "passwd USUARIO"
donde "USUARIO" debe ser sustituido por el usuario a modificar. Si no
se especifica usuario se cambiará la password del usuario actual (hasta
root). Es decir, en el caso de ejecutarse sin usuario como parámetro y
no ser un usuario root, se ejecutará el cambio sin problema en el
usuario actual.

Si queremos modificar podemos utilizar el comando *usermod* con los
mismos parámetros que usaríamos en *useradd*. Por ejemplo si
queremos cambiar el directorio de un usuario llamado *foo* por
/usr/local/share/foo solamente deberíamos ejecutar: *usermod -m
/usr/local/share/foo foo* y el usuario quedaría cambiado y tendrían una
ruta nueva.

Y por último si queremos eliminar el usuario: Este caso es muy sencillo,
solamente debemos ejecutar *sudo userdel -r USUARIO* donde
"USUARIO" es el nombre del usuario a eliminar. Con esta sentencia se
elimina el usuario en cuestión y su directorio home.

6.2. GRUPOS

Ahora que ya hemos visto como crear usuarios y algunos aspectos básicos de los usuarios, vamos a empezar a ver que son y cómo funcionan los grupos.

Los grupos de usuarios son usuarios para una función, tarea o propósito específico. Esta agrupación se realiza para poder aplicar distintos roles a cada usuario. Por ejemplo en una empresa X tenemos un grupo para el departamento de sistemas, otro grupo para los usuarios del departamento comercial, otro para el departamento de administración, etc. De esta forma podemos hacer que al estar agrupados los usuarios de un grupo tengan acceso a sitios y aplicaciones que los de otro no tienen.

Estos grupos hacen que se puedan gestionar de forma más eficiente los permisos.

Crear un grupo

Para crear un grupo solo hay que utilizar el comando:

```
root@host# groupadd NUEVO_GRUPO
```

Se puede añadir un usuario a un grupo durante su creación, si el grupo no existe no lo creará, debemos añadir el grupo antes de intentar asignárselo al usuario. Para hacerlo tenemos que utilizar la opción -*g grupo* en el comando *useradd* y el usuario tendrá este grupo como grupo principal.

Gestión de usuarios de un grupo

Si el usuario está creado y queremos añadirlo a un grupo existente podemos hacerlo con el comando:

```
root@host# adduser USUARIO GRUPO
```

Para quitarlo de un grupo existente:

```
root@host# deluser USUARIO GRUPO
```

Modificar grupo

Si lo que queremos es **modificar un grupo existente**:

```
groupmod [-g nuevo-git][-n nuevo-nombre nombre-grupo
```

Por lo que un modificar el nombre del grupo en un ejemplo sería:

```
root@host# groupmod -n NUEVOGRUPO GRUPO
```

Eliminar grupo

Para eliminar un grupo es tan sencillo como ejecutar:

```
root@host# groupdel GRUPO
```

La única pega que tiene este comando es que si algún usuario tiene ese grupo como grupo primario no eliminará el grupo. En este caso debemos asignar otro grupo primario al usuario y sacarlo del grupo antes de eliminar el grupo en cuestión.

7. GESTIÓN DE RED

Anteriormente la red de un sistema Linux se gestionaba con los comandos del paquete "net-tools" como por ejemplo ifconfig, route y arp. En los nuevos sistemas, estos comandos se han quedado obsoletos y ahora realiza la mayoría de sus funciones el comando "ip". También se puede seguir utilizando los comandos antiguos instalando el paquete "net-utils".

7.1. GESTIÓN DE INTERFACES DE RED

A continuación vamos a explicar algunos comandos para realizar la gestión de interfaces en Linux.

Para ver la configuración direcciones IP de todos los interfaces, con el comando IP solamente debemos ejecutar "ip a" y así veremos la configuración de cada interfaz, con el paquete antiguo deberíamos ejecutar "ifconfig". Si por el contrario queremos ver la configuración de un interfaz en concreto, deberíamos ejecutar "ip a show dev INTERFAZ" donde "INTERFAZ" es el interfaz en cuestión, por ejemplo eth0 (ip a show dev eth0). Con ifconfig, ejecutaríamos "ifconfig INTERFAZ", por ejemplo: "ifconfig eth0".

En el caso de querer configurar una IP en un interfaz de red con el comando "ip" tenemos que ejecutar lo siguiente: "ip a add X.X.X.X/X dev INTERFAZ", sustituyendo dichos valores por los del interfaz, IP y mascara de red: "ip a add 192.168.1.16/24 dev eth0". Para hacerlo con el comando antiguo (ifconfig), debemos ejecutar lo siguiente: "ifconfig INTERFAZ add X.X.X.X netmask X.X.X.X" y sustituyéndolo por los mismos valores que en el comando "ip" sería así: "ifconfig eth0 add 192.168.1.16 netmask 255.255.255.0", si el interfaz no tiene IP lo mas optimo es añadir la IP sin el parámetro "add":

"ifconfig eth0 192.168.1.16 netmask 255.255.255.0", que de la otra forma es posible que se tengan que seguir otros pasos adicionales.

Si el interfaz ya tiene direcciones IP asignadas estos comandos añaden una IP nueva (menos el ultimo que no lleva parámetro "add" que borra la configuración de la IP) por lo que si se desea cambiar la IP por otra eliminando la ya existente, después de añadir la nueva IP debemos eliminar la anterior del interfaz.

Para eliminar una IP de un interfaz, debemos ejecutar un comando muy parecido a los comandos para añadir una nueva IP al interfaz, pero sustituyendo el parámetro "add" por el parámetro "del" tanto en el comando "ip" como en el comando "*ifconfig*". Es decir, para quitar la ip 192.168.1.16/24 del interfaz "*eth0*", con el comando "ip", sería: "*ip a del 192.168.1.16/24 dev eth0*" y con "*ifconfig*" sería

"*ifconfig eth0 del 192.168.1.16 netmask* 255.255.255.0".

Un interfaz tiene posibilidad de estar "*UP*" o "*DOWN*" aunque tenga el cable conectado. Se puede saber su estado con el comando "*ip link show dev INTERFAZ*" o "*ifconfig eth0*". Si está "*DOWN*" no podrá enviar ni recibir paquetes y estará deshabilitado. Se puede cambiar el estado de un interfaz con "ip link set dev INTERFAZ ESTADO" donde la interfaz sería por ejemplo "*eth0*" y el estado puede ser "*up*" o "*down*", por ejemplo: "*ip link set dev eth0 up*" .

Los cambios realizados de las formas descritas anteriormente solo duran hasta el reinicio del servicio de red o del sistema operativo. Ademas, en caso de tener entorno gráfico instalado, puede instalarse el servicio NetworkManager, el cual gestiona la red de forma automática para aplicarlos cambios desde el entorno gráfico, esto en un sistema en modo texto no ocurre por defecto. Si se tienen problemas para con la configuración de la red se puede parar el servicio comentado anteriormente ejecutando "*service NetworkManager stop*" o "*systemctl stop NetworkManager*".

Si se quieren aplicar los cambios realizados a nivel de red para que se apliquen al reiniciar el sistema, en un sistema basado en debian sería:

Editar el fichero "*/etc/network/interfaces*" sustituyendo "INTERFAZ" por el nombre de la interfaz (por ejemplo eth0) y las X por los valores de IP, mascara y puerta de enlace:

auto INTERFAZ

iface INTERFAZ inet static

address XXX.XXX.XXX.XXX

netmask XXX.XXX.XXX.XXX

gateway XXX.XXX.XXX.XXX

Cada apartado "*auto*" representa una interfaz, por ejemplo:

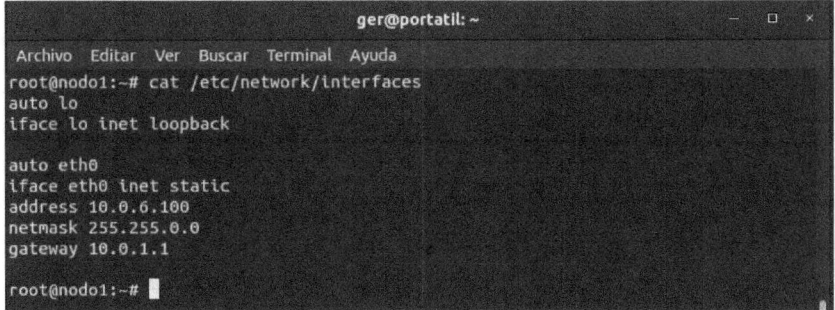

```
ger@portatil: ~
Archivo  Editar  Ver  Buscar  Terminal  Ayuda
root@nodo1:~# cat /etc/network/interfaces
auto lo
iface lo inet loopback

auto eth0
iface eth0 inet static
address 10.0.6.100
netmask 255.255.0.0
gateway 10.0.1.1

root@nodo1:~#
```

Sin embargo, en un sistema basado en RedHat, como por ejemplo CentOS, los ficheros de configuración de cada interfaz están separados. Todos se encuentran en la ruta "/etc/sysconfig/network-scripts/" bajo el nombre "*ifcfg-INTERFAZ*" donde "*INTERFAZ*" es el nombre de la interfaz, como por ejemplo "*/etc/sysconfig/network-scripts/ifcfg-eth0*", en el que por ejemplo se podría ver lo siguiente (habría que sustituir INTERFAZ por el nombre del interfaz y las X por la IP, puerta de enlace y mascara):

TYPE="Ethernet"

NAME="INTERFAZ"

DEVICE="INTERFAZ"

ONBOOT="yes"

IPADDR="XXX.XXX.XXX.XXX"

PREFIX="XX"

GATEWAY="XXX.XXX.XXX.XXX"

DNS1="XXX.XXX.XXX.XXX"

Donde "prefix" es la máscara en formato numérico (por ejemplo 24 = 255.255.255.0). Un ejemplo de un fichero de configuración en CentOS es:

```
                                    root@nodo1:~                          _  □  ×

   Archivo  Editar  Ver  Buscar  Terminal  Ayuda
   [root@nodo1 ~]# cat /etc/sysconfig/network-scripts/ifcfg-enp1s0f3
   TYPE="Ethernet"
   NAME="enp1s0f3"
   DEVICE="enp1s0f3"
   ONBOOT="yes"
   IPADDR="192.168.1.254"
   PREFIX="24"
   GATEWAY="192.168.1.1"
   DNS1="1.1.1.1"
   DOMAIN="8.8.8.8"
   [root@nodo1 ~]# █
```

Modificando estos ficheros al reiniciar se mantendrá la configuración de
red en las interfaces configuradas.

7.2. GESTIÓN DE RUTAS

Como esto no es un curso específico sobre redes, no profundizaremos sobre routing, pero especificaremos como utilizar los comandos "ip" y "route" para configurar rutas. También hablaremos sobre como configurar las rutas para que sean persistentes.

Para ver las rutas hay que ejecutar el comando "ip route show" o con el comando "route", sería "route -n".

Si queremos vaciar la tabla de ruta hay que ejecutar el parámetro "flush", con el comando "ip route flush dev INTERFAZ" para quitar todas las rutas de una interfaz en concreto e "ip route flush all" para quitar todas las rutas.

Para añadir rutas con el comando "ip" hay que ejecutar "ip route add DESTINO via GATEWAY dev INTERFACE" por ejemplo:

Para añadir una red: "ip route add 10.0.0.0/8 via 192.168.1.1 dev eth0"

Para añadir una ruta a una IP: "ip route add 10.0.0.9/32 via 192.168.1.1 dev eth0"

Para añadir una ruta por defecto: "ip route add default via 192.168.1.1 dev eth0"

Para hacerlo con el comando route:

route add -host/net XXX.XXX.XXX.XXX[/XX] gw XXX.XXX.XXX.XXX dev INTERFAZ

Para añadir una red: "route add -host 10.0.0.33 gw 192.168.1.1 dev eth0"

Para añadir una ruta a una IP: "route add -net 10.0.0.0/8 gw 192.168.1.1 dev eth0"

Para añadir una ruta por defecto: "route add default gw 192.168.1.1 dev eth0"

Si queremos eliminar rutas con el comando "ip" es prácticamente igual que añadirlas, solo cambiamos "add" por "del":

Para eliminar una ruta: "ip route del DESTINO via GATEWAY dev INTERFAZ"

Por ejemplo: "ip route del default via 192.168.1.1 dev eth0" o "ip route del 10.0.0.0/8 via 192.168.1.1 dev eth0"

Con el comando route:

route del -host/net XXX.XXX.XXX.XXX[/XX] gw XXX.XXX.XXX.XXX dev INTERFAZ

Para eliminar una red: "route del -host 10.0.0.33 gw 192.168.1.1 dev eth0"

Para eliminar una ruta a una IP: "route del -net 10.0.0.0/8 gw 192.168.1.1 dev eth0"

Para eliminar una ruta por defecto: "route del default gw 192.168.1.1 dev eth0"

Al igual que con las configuraciones de ip en un interfaz, con las rutas si no se guardan en un fichero, al reiniciar el sistema, se pierden.

En un sistema basado en debian, debemos modificar el fichero "/etc/network/interfaces" y en la configuración de la interfaz que estemos modificando, debemos añadir una directiva de "post-up route":

post-up route add -net DESTINO netmask MASCARA_RED dev INTERFAZ

Por ejemplo:

auto eth0

iface eth0 inet static

address 192.168.1.100

netmask 255.255.255.0

gateway 192.168.1.10

post-up route add -net 10.0.0.0 netmask 255.0.0.0 dev eth0

En el caso de que sea un sistema basado en RedHat como CentOS existe un fichero especifico de configuraciones de red donde se pueden especificar las rutas: "/etc/sysconfig/network", para añadir una ruta de forma persistente, hay que añadir a este fichero una línea como esta: "DESTINO via GATEWAY dev INTERFAZ", por ejemplo:

"default via 192.168.1.1 dev eth0" o "10.0.0.0/8 via 192.168.1.1 dev eth0".

8. GESTIÓN DE SERVICIOS

8.1 GESTIÓN CON SYSVINIT

Antes, con SysVinit la gestión de servicios era distinta. Los servicios se encontraban en script en */etc/init.d/* y básicamente eran ejecutables (normalmente scripts pero también podían ser binarios). Estos ejecutables facilitaban una forma sencilla de gestionar el reinicio, parada y arranque de un servicio. En ese tipo de sistemas para ver que servicios había instalados ejecutábamos *ls -al /etc/init.d/* y así veíamos el listado de los servicios.

Las opciones básicas que tenían cada servicio eran:

- */etc/init.d/SERVICIO start*   #Arranca el servicio
- */etc/init.d/SERVICIO stop*   #Para los procesos del servicio
- */etc/init.d/SERVICIO restart*   #Para el servicio y lo arranca

En algunos sistemas teníamos la utilidad service, tenía las mismas opciones que los su ejecutable en */etc/init.d*, su forma de uso era:

- *service SERVICIO start* Arranca el servicio
- *service SERVICIO stop*   Para los procesos del servicio
- *service SERVICIO restart*   Para el servicio y lo arranca

Para instalar servicios localizados en */etc/init.d* en CentOS / RedHat:

chkconfig add NOMBRE_SERVICIO

8.2 GESTIÓN CON SYSTEMD

Con la introducción de systemd la forma de gestionar los servicios, entre otras cosas, ha cambiado. Ahora la gestión de servicios se realiza de la siguiente forma:

systemctl --all #lista todos los servicios y su estado actual

Ejemplo:

```
ger@ger:~$ systemctl --all|egrep "UNIT|apache"

UNIT        LOAD    ACTIVE   SUB      DESCRIPTION

apache2.service    loaded  active  running  The Apache HTTP Server

ger@ger:~$
```

- *systemctl enable SERVICIO* #habilita el servicio indicado para que se autoarranque y se pueda reiniciar, parar y encender
- *systemctl disable SERVICIO* #deshabilita el servicio indicado para que no se autoarranque y no se pueda reiniciar, parar y encender
- *systemctl stop SERVICIO* #Para el servicio indicado
- *systemctl start SERVICIO* #Arranca el servicio indicado
- *systemctl restart SERVICIO* #Reinicia el servicio indicado
- *systemctl status SERVICIO* #Nos facilita el log del servicio

9. CARGA DE APLICACIONES AL ARRANQUE

9.1. CARGA CON RC.LOCAL

Tanto en sistemas con *SystemD* como en sistemas con *SysVinit* el fichero */etc/rc.local* suele poderse utilizar para ejecutar aplicaciones al arranque del sistema. Para que este sistema funcione correctamente hay que tener algunas cosas en cuenta:

- Que el fichero */etc/rc.local* tenga permisos de ejecución, si no los tiene debemos corregirlo con *chmod*
- El fichero */etc/rc.local* tiene que comenzar con *"#!/bin/bash"*.
- Si es un sistema basado en SystemD, debemos tener habilitado el servicio *"rc-local.service"*, para ello puedes ejecurar: *systemctl enable rc-local.service*

10. GESTIÓN DE LA SALIDA DE UN COMANDO

Cuando se ejecuta un comando se puede gestionar de varias formas. Como vimos anteriormente se puede redirigir la salida a un fichero utilizando el operador ">" o dejar que salga por pantalla. También se puede redirigir la salida al dispositivo especial */dev/null* para evitar que la salida salga por pantalla y/o se guarde en un fichero.

10.1 TIPOS DE SALIDA

Dependiendo del tipo de salida al redirigir la salida de un fichero a otro lugar puede haber partes que se redirijan o no. Existen varios tipos de salida:

Salida estándar o salida *"1"*: Esta salida es la salida por defecto, cuando se pone un operador al finalizar el comando se redirige solo la salida 1 al no ser que se especifique lo contrario como veremos más adelante.

Salida de error o salida "2": Esta salida se suele utilizar para los errores pero hay comando que la utilizan como salida por defecto por lo que si no se cambia la salida del comando no podremos redirigirla.

Para redirigir una salida a otra hay que poner lo siguiente al finalizar el comando: "*IDSALIDA>&IDSALIDADEDESTINO*". Es decir, si queremos redirigir la salida de error a la salida estándar deberíamos ejecutar "*COMANDO 2>&1*". Por ejemplo con "*ls -al 2>&1*" redirigimos la salida de error a la estándar en el comando "*ls -al*". Si quisiéramos redirigir la salida estándar a la de error sería al revés "*2>&1*".

También podemos redirigir una de las salidas a un fichero o a "/dev/null" (esto se suele hacer para evitar errores en la salida redirigiendo solo la salida de error a este dispositivo especial).

Para hacer esto mismo con el comando "*ls -al*" podemos hacerlo así:

Redirigir la salida de error a un fichero:

ls -al 2>FICHERO

Redirigirla a */dev/null*:

ls -al 2>/dev/null

Redirigir la salida estándar a un fichero y la de error a otro:

ls -al>fichero_salida_normal.txt 2>fichero_salida_error.txt

Lo anterior también se puede hacer así:

ls -al 1>fichero_salida_normal.txt 2>fichero_salida_error.txt

10.2 ENCADENAR COMANDOS (COMO USAR PIPE O TUBERÍAS)

Los pipes o tuberías son formas de pasarle la salida de un comando a otro. Es decir, podemos hacer que un comando haga algo y otro comando trabaje con la salida del anterior. Esto nos da mucha versatilidad y da muchísima potencia a la línea de comandos ya que pueden ejecutarse los comandos de la forma más apropiada para cada situación.

Para usar una tubería solo tenemos que utilizar el operador "|", es decir:

COMANDO1 | COMANDO2

Por ejemplo usándolo en un comando "ls" y filtrando la salida con el comando grep para buscar la cadena de texto "vi" en la salida, si no filtramos veríamos esto:

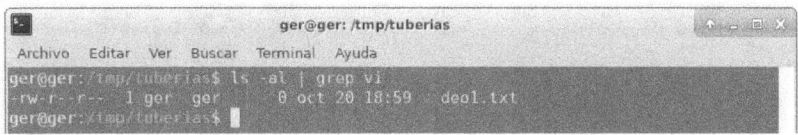

Filtrándolo con "*grep vi*" así "*ls -al | grep vi*" mostrará solo los que contengan la cadena de texto "*vi*":

Como no le hemos especificado parámetros al comando "*grep*" distingue entre minúsculas y mayúsculas. Si queremos evitar que esto pase, podemos especificarle el parámetro "*-i*" al comando "*grep*", y el resultado es el siguiente:

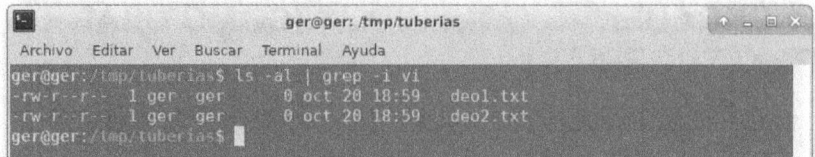

También se puede utilizar lo explicado anteriormente para redirigir la salida de error a la estándar y así filtrar con *grep* u otro comando para buscar posibles salidas de error de un comando.

Otro comando interesante es *wc -l* el cual se puede utilizar para contar el número de coincidencias que aparecen en la salida anterior. Por ejemplo si encadenamos otra tubería con "*wc -l*" a la salida del ejemplo anterior nos devolverá 2 como resultado contando el número de líneas que hay en la salida anterior:

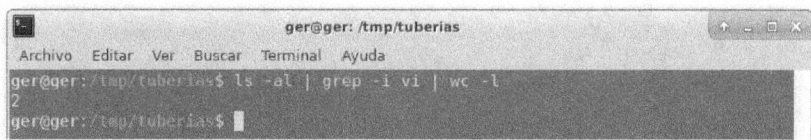

Otros comandos que pueden ser interesantes para encadenar con pipe son: *sed, awk, head, tail, cut*

11. CONTROL DE PROCESOS

11.1. MOSTRAR PROCESOS EN EJECUCIÓN

Unas de las tareas que podemos necesitar hacer en algún momento es ver que procesos están en ejecución "*ps -ef*", este comando muestra todos los procesos en ejecución en formato estándar. Otra opción es "*ps aux*" el cual muestra todos los procesos en ejecución en formato *BSD*. Este formato incluye el porcentaje de memoria y cpu usado por cada proceso a parte del PID y el nombre del proceso.

Salida del comando "*ps -ef*":

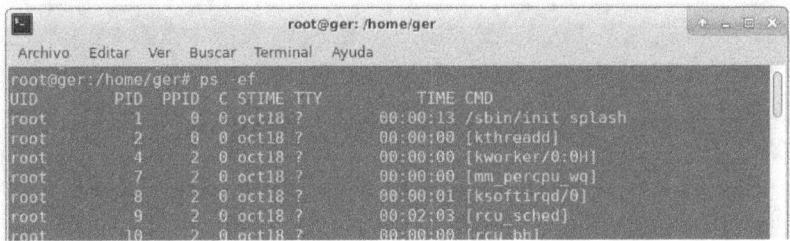

Salida del comando "*ps aux*":

11.2. BUSCAR PROCESOS

Para buscar un proceso ya sea por su PID (id de proceso o identificador único de proceso) o por su nombre o por su línea de ejecución podemos utilizar un PIPE o tubería ("|") hacia el comando "*grep*".

Por ejemplo buscamos un proceso de nombre "*init*":

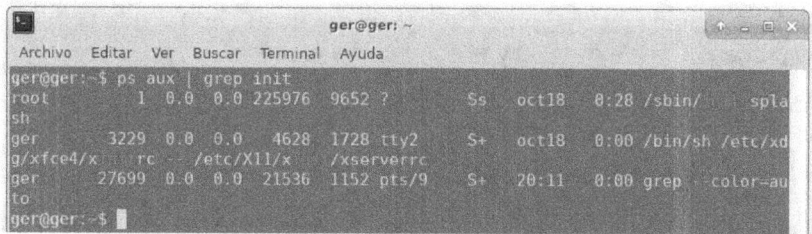

11.3. VER PROCESOS ENCOLADOS

Los procesos encolados suelen estar así por algún exceso de consumo de CPU cuando aparece en más de una ejecución del comando que mostraremos a continuación sale el mismo proceso. Este comando es "*ps -A r*":

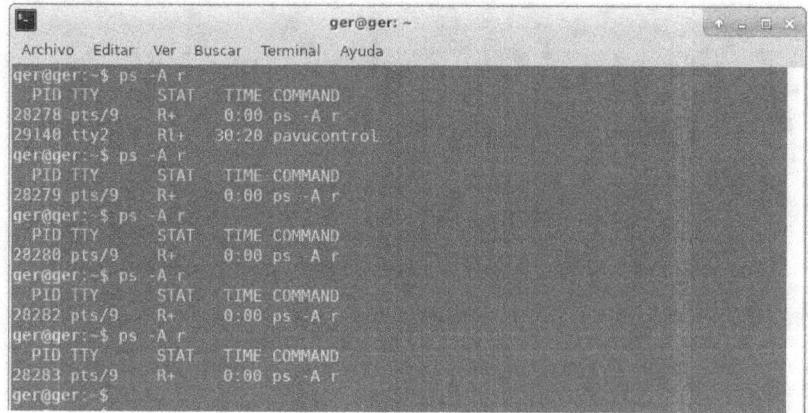

Como se puede ver en la imagen el proceso "*pavcontrol*" solo aparece en la primera ejecución, en las siguientes solo aparece "*ps -A r*" el cual va a aparecer siempre.

Esto mismo se puede hacer con el comando "*ps aux r*", la diferencia es que este último comando puede mostrar el porcentaje de uso de CPU:

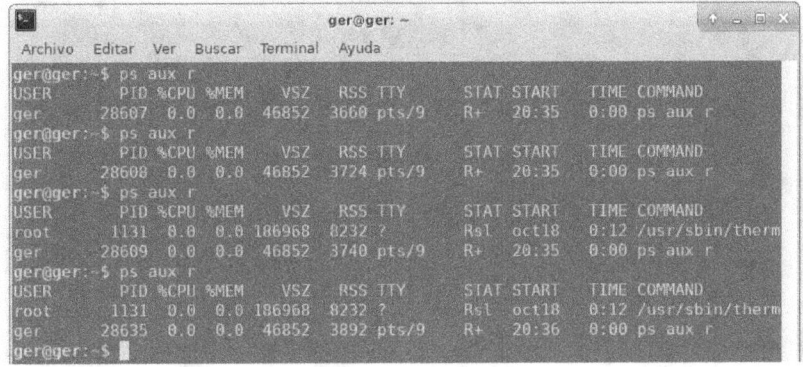

11.4. VER PROCESOS QUE MAS RECURSOS UTILIZAN

Para esta tarea podemos usar el comando *"top"* con este comando podemos ver el listado de los comandos que más recursos consumen:

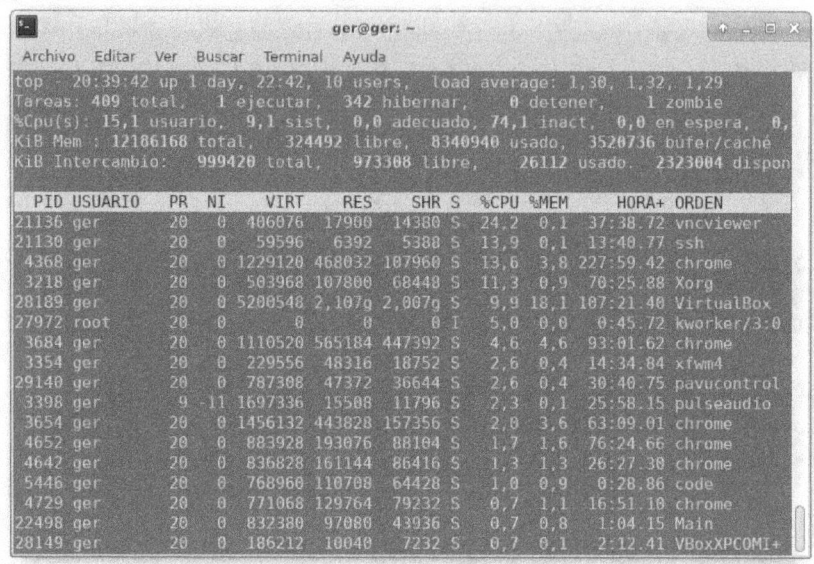

Explicamos un poco este comando. Este comando aparte de mostrar el uso de CPU y RAM de cada proceso nos dice el estado del sistema. En el apartado *"load average"* se muestran 3 valores, los cuales corresponden al número de procesos encolados en espera de CPU o acceso a disco en 1minuto, 5 minutos y 15 minutos. En esta captura, vemos que tiene un load average de 1.30 en el último minuto, de 1.29 en los últimos 5 minutos y de 1.32 en los últimos 15. Este valor no se adapta al número de CPUs del sistema por lo que cuando tenemos una sola CPU un valor de 1 quiere decir que un proceso está usando el 100% de CPU disponible y si tenemos 4 solo estará usando el 25%. Es decir, hay que tener en cuenta el número de CPUs para saber si el *load average* de un sistema es alto o no. Una carga alta puede venir dada por esperas de acceso a disco, en esta captura, aparece señalado como *en espera*, en otros sistemas aparece como *wa*.

Para ver el número de CPUs podemos pulsar la tecla *1* mientras tenemos el comando *top* en ejecución y mostrará todas las CPUs disponibles:

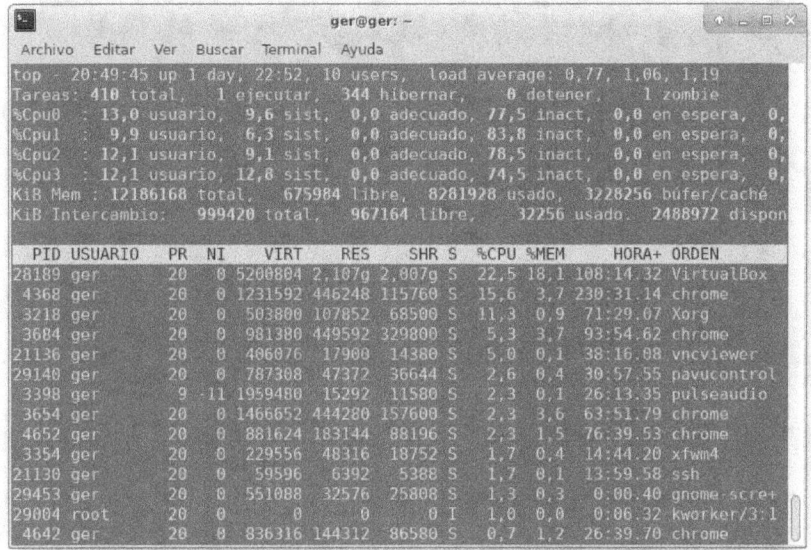

Por defecto se muestran los procesos que más consumen. El que más arriba aparece más recursos consume. Es importante señalar las partes más importantes del top, en el proceso siempre se muestra el PID, el usuario que lo ha lanzado, el consumo de CPU y memoria del proceso, la hora a la que fue lanzada y el nombre del proceso. Para ver la línea de ejecución completa podemos pulsar la tecla *c* mientras ejecutamos el comando:

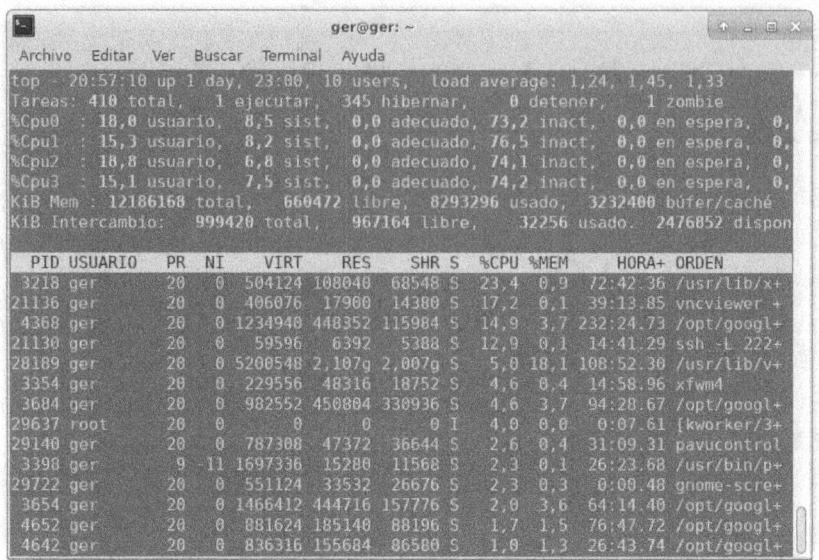

El uso de CPU de cada proceso se expresa en porcentaje, 100% indica el uso de un core completo por lo que dependiendo del número de CPUs esto indica una mayor o menor repercusión para el sistema. Un proceso que use el 100% de CPU en un sistema de 1 procesador es un problema pero en un sistema con 4 cores puede no serlo. Sin embargo un consumo de 400% en un sistema de 4 cores es un problema ya que está usando la totalidad de CPUs.

Otra cosa a destacar es que el uso de RAM que se muestra incluye cachés y casi siempre se suele mostrar valores cercanos al total (En el apartado *KiB mem*), para ver la ram usada del sistema es mejor la herramienta *free,* ya que con esta herramienta podemos ver la cantidad real de RAM disponible en el sistema (ver *available* o *disponible* dependiendo del sistema):

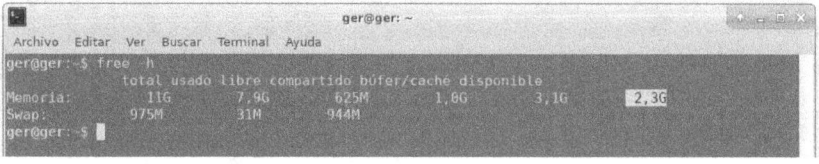

11.5. "MATAR" PROCESOS EN EJECUCIÓN

Esta parte es la más importante. Lo primero que tenemos que tener en cuenta es el ambito, es decir, un proceso solo puede ser matado por el usuario que lo ha lanzado, o por root (o un usuario con permisos de sudo). Por lo que partiendo de esa base, cuando vamos a *terminar* un proceso puede hacerse de dos formas **suave** o de **forma inmediata,** lo explicamos mas adelante.

Para matar un proceso utilizamos el comando *"kill",* con la sintaxis *"kill - SEÑAL PID".*

De forma inmediata: no se le deja terminar las tareas en ejecución y se mata al proceso de forma inmediata, en algunos casos esto puede causar problemas, por ejemplo si lo hacemos con un proceso de base de datos ya que puede quedarse en mitad de una inserción de datos. Esto se hace mandando la señal *"9"* al comando *kill,* es decir *"kill -9 PID"* por ejemplo *"kill -9 123"* para matar el proceso con PID 123.

De forma suave: Dejando que acaben las últimas órdenes que están en ejecución. Todas las herramientas *"kill"* lo hacen así por defecto o especificando la señal *"1"* al comando *kill*. Es decir *"kill -1 PID"* o *"kill PID",* por ejemplo: *"kill 123"* para matar el proceso con PID 123.

12. GESTIÓN DE DISPOSITIVOS

12.1. INTERRUPCIONES

Una interrupción aparece cuando la CPU deja de ejecutar el proceso actual y ejecuta una función específica de quien produce la interrupción.

Hay dos tipos:

• Interrupción software: Se produce cuando un usuario o proceso solicita una llamada del sistema

• Interrupciones hardware: Se producen cuando un dispositivo hardware requiere la atención de la CPU, por ejemplo cuando introducimos un dispositivo USB en un sistema.

Además pueden existir **excepciones**, que son interrupciones causadas por la propia CPU, cuando ocurre algún suceso no deseado, como una división entre cero.

12.2. DISPOSITIVOS USB

Actualmente todo el mundo sabe lo que son los dispositivos USB, por lo que sobra su definición. Pero 3 cosas que si hay que decir sobre este hardware es que:

1. Es plug and play
2. Tiene 4 hilos, 2 de datos y 2 de corriente de 5v (negativo y positivo)
3. Hay múltiples tipos de conector USB

Para saber los dispositivos USB conectados a un equipo Linux debemos ejecutar el comando

"*lsusb*":

```
root@ger: ~
Archivo  Editar  Ver  Buscar  Terminal  Ayuda
root@ger:~# lsusb
Bus 001 Device 002: ID 8087:8000 Intel Corp.
Bus 001 Device 001: ID 1d6b:0002 Linux Foundation 2.0 root hub
Bus 003 Device 001: ID 1d6b:0003 Linux Foundation 3.0 root hub
Bus 002 Device 008: ID 0bda:b728 Realtek Semiconductor Corp.
Bus 002 Device 005: ID 5986:0652 Acer, Inc
Bus 002 Device 003: ID 0bda:0129 Realtek Semiconductor Corp. RTS5129 Card Reader
Controller
Bus 002 Device 009: ID 0101:0007
Bus 002 Device 006: ID 046d:c31c Logitech, Inc. Keyboard K120
Bus 002 Device 007: ID 1908:0226 GEMBIRD
Bus 002 Device 004: ID 214b:7000
Bus 002 Device 002: ID 214b:7000
Bus 002 Device 001: ID 1d6b:0002 Linux Foundation 2.0 root hub
root@ger:~#
```

Si queremos más información de un dispositivo podemos ejecutar
"*lsusb -vvv -s DISPOSITIVO*" donde *DISPOSITIVO es BUS:DEVICE,*
por ejemplo si elegimos el teclado del ejemplo anterior, "*Bus 002
Device 006: ID 046d:c31c Logitech, Inc. Keyboard K120*", por lo que
sería "*lsusb -vvv -s 002:006*":

```
root@ger: ~
Archivo  Editar  Ver  Buscar  Terminal  Ayuda
root@ger:~# lsusb -vvv -s 002:006

Bus 002 Device 006: ID 046d:c31c Logitech, Inc. Keyboard K120
Device Descriptor:
  bLength                18
  bDescriptorType         1
  bcdUSB               1.10
  bDeviceClass            0 (Defined at Interface level)
  bDeviceSubClass         0
  bDeviceProtocol         0
  bMaxPacketSize0         8
  idVendor           0x046d Logitech, Inc.
  idProduct          0xc31c Keyboard K120
  bcdDevice           64.00
  iManufacturer           1 Logitech
  iProduct                2 USB Keyboard
  iSerial                 0
  bNumConfigurations      1
  Configuration Descriptor:
    bLength               9
    bDescriptorType       2
    wTotalLength         59
    bNumInterfaces        2
```

117

Se puede hacer lo mismo con "*lsusb -vvv -d VENDOR:PRODUCT*", por ejemplo para el teclado:

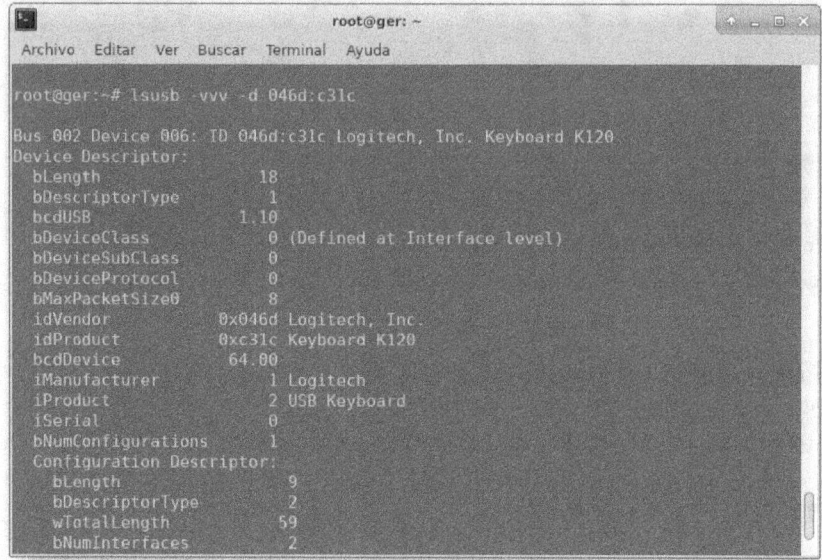

12.3. DISPOSITIVOS PCI

Los dispositivos PCI son tarjetas de expansión de la placa base, a diferencia de USB, no suelen ser *plug and play*, es decir, hay que enchufarlos con el sistema apagado y encender el sistema de nuevo. La versión más moderna de ese tipo de hardware es PCI-Express (en el momento de escribir este libro la versión 4 de PCI). En este tipo de hardware se incluyen, las tarjetas de red, tarjetas gráficas, tarjetas wi-fi y bluetooth, tarjetas de expansión de puertos USB, tarjetas RAID, etc...

Para ver los dispositivos conectados por PCI al sistema dentro de un sistema Linux, podemos utilizar el comando "*lspci*" esto nos mostrará de forma muy parecida al comando "*lsusb*" el listado de dispositivos:

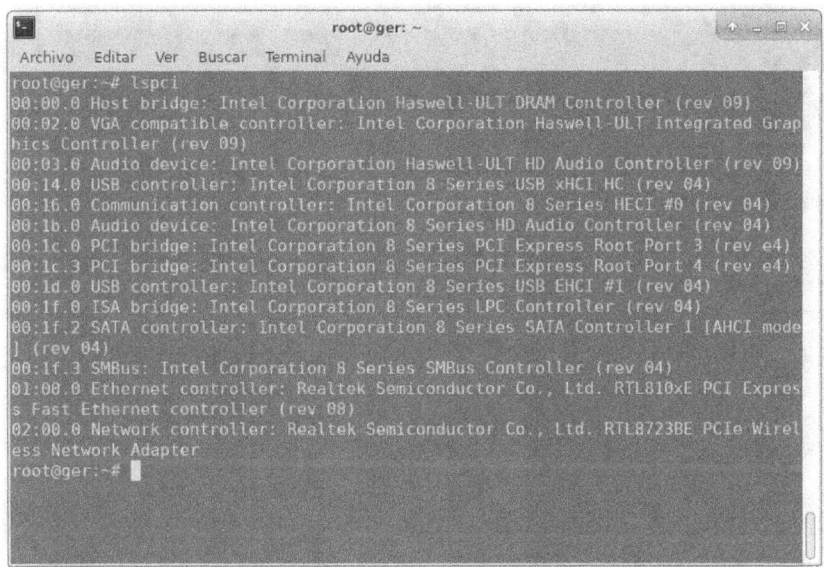

Al igual que se puede hacer con el comando "*lsusb*" pero no lo dijimos, se puede utilizar el comando "*lspci*" con el parámetro " *-t*" el cual mostrará un árbol informándonos de donde "cuelga" cada dispositivo:

```
root@ger: ~
Archivo  Editar  Ver  Buscar  Terminal  Ayuda
root@ger:~# lsusb -t -v
/:  Bus 03.Port 1: Dev 1, Class=root_hub, Driver=xhci_hcd/4p, 5000M
/:  Bus 02.Port 1: Dev 1, Class=root_hub, Driver=xhci_hcd/9p, 480M
    |__ Port 1: Dev 2, If 0, Class=Hub, Driver=hub/4p, 480M
        |__ Port 1: Dev 4, If 0, Class=Hub, Driver=hub/4p, 480M
            |__ Port 4: Dev 7, If 0, Class=Mass Storage, Driver=usb-storage, 480
M
        |__ Port 2: Dev 6, If 0, Class=Human Interface Device, Driver=usbhid, 1.
5M
        |__ Port 2: Dev 6, If 1, Class=Human Interface Device, Driver=usbhid, 1.
5M
        |__ Port 3: Dev 9, If 0, Class=Human Interface Device, Driver=usbhid, 1.
5M
    |__ Port 4: Dev 3, If 0, Class=Vendor Specific Class, Driver=rtsx_usb, 480M
    |__ Port 6: Dev 5, If 0, Class=Video, Driver=uvcvideo, 480M
    |__ Port 6: Dev 5, If 1, Class=Video, Driver=uvcvideo, 480M
    |__ Port 7: Dev 8, If 1, Class=Wireless, Driver=btusb, 12M
    |__ Port 7: Dev 8, If 0, Class=Wireless, Driver=btusb, 12M
/:  Bus 01.Port 1: Dev 1, Class=root_hub, Driver=ehci-pci/2p, 480M
    |__ Port 1: Dev 2, If 0, Class=Hub, Driver=hub/8p, 480M
root@ger:~# []
```

En este caso es conveniente pasarle también el parámetro "*-v*" para que nos de algo más de información.

En el caso de que queramos ampliar información sobre un dispositivo, debemos ejecutar el comando con siguiente sintaxis "*lspci -s PUERTO_Y_DISPOSITIVO*", por ejemplo, en el caso de la tarjeta gráfica de este ejemplo anterior ("*00:02.0 VGA compatible controller: Intel Corporation Haswell-ULT Integrated Graphics Controller*") sería "*lspci -s 00.02.0 -v*", como dijimos antes incluimos "*-v*" para más información:

```
                              root@ger: ~
Archivo  Editar  Ver  Buscar  Terminal  Ayuda
root@ger:~# lspci -s 00:02.0 -v
00:02.0 VGA compatible controller: Intel Corporation Haswell-ULT Integrated Grap
hics Controller (rev 09) (prog-if 00 [VGA controller])
        Subsystem: Lenovo Haswell-ULT Integrated Graphics Controller
        Flags: bus master, fast devsel, latency 0, IRQ 45
        Memory at c0000000 (64-bit, non-prefetchable) [size=4M]
        Memory at b0000000 (64-bit, prefetchable) [size=256M]
        I/O ports at 5000 [size=64]
        [virtual] Expansion ROM at 000c0000 [disabled] [size=128K]
        Capabilities: [90] MSI: Enable+ Count=1/1 Maskable- 64bit-
        Capabilities: [d0] Power Management version 2
        Capabilities: [a4] PCI Advanced Features
        Kernel driver in use: i915
        Kernel modules: i915

root@ger:~#
```

Cuantas más veces repitamos el parámetro "-v" más información nos
dará:

```
                              root@ger: ~
Archivo  Editar  Ver  Buscar  Terminal  Ayuda


root@ger:~# lspci -s 00:02.0 -vvvv
00:02.0 VGA compatible controller: Intel Corporation Haswell-ULT Integrated Grap
hics Controller (rev 09) (prog-if 00 [VGA controller])
        Subsystem: Lenovo Haswell-ULT Integrated Graphics Controller
        Control: I/O+ Mem+ BusMaster+ SpecCycle- MemWINV- VGASnoop- ParErr- Step
ping- SERR- FastB2B- DisINTx+
        Status: Cap+ 66MHz- UDF- FastB2B+ ParErr- DEVSEL=fast >TAbort- <TAbort-
<MAbort- >SERR- <PERR- INTx-
        Latency: 0
        Interrupt: pin A routed to IRQ 45
        Region 0: Memory at c0000000 (64-bit, non-prefetchable) [size=4M]
        Region 2: Memory at b0000000 (64-bit, prefetchable) [size=256M]
        Region 4: I/O ports at 5000 [size=64]
        [virtual] Expansion ROM at 000c0000 [disabled] [size=128K]
        Capabilities: [90] MSI: Enable+ Count=1/1 Maskable- 64bit-
                Address: fee04004  Data: 4023
        Capabilities: [d0] Power Management version 2
                Flags: PMEClk- DSI+ D1- D2- AuxCurrent=0mA PME(D0-,D1-,D2-,D3hot
-,D3cold-)
                Status: D0 NoSoftRst- PME-Enable- DSel=0 DScale=0 PME-
        Capabilities: [a4] PCI Advanced Features
                AFCap: TP+ FLR+
```

12.4. MÓDULOS DEL KERNEL

Lo primero ¿Qué son los módulos del Kernel? El Kernel o núcleo del sistema Linux es la parte más profunda del sistema. Este Kernel es modular por lo que para cargar nuevas funcionalidades como drivers para dispositivos puede cargarse dentro del núcleo o bien a través de módulos. Los módulos del Kernel tienen extensión ".*ko*".

lsmod

Muestra los módulos actualmente cargados y sus dependencias. Estos módulos pueden haberse cargado de forma manual o automática. Ejemplo:

```
root@ger: ~
Archivo  Editar  Ver  Buscar  Terminal  Ayuda
root@ger:~# lsmod |grep bluetooth
                    544768   43 btrtl,btintel,btbcm,bnep,btusb,rfcomm
ecdh_generic         24576    2
root@ger:~#
```

modinfo

Muestra información sobre un módulo (cargado o sin cargar). Se usa con la siguiente sintaxis: *modinfo NOMBRE_MODULO:*

```
root@ger: ~
Archivo  Editar  Ver  Buscar  Terminal  Ayuda
root@ger:~# modinfo bluetooth
filename:       /lib/modules/4.15.0-65-generic/kernel/net/bluetooth/bluetooth.ko
alias:          net-pf-31
license:        GPL
version:        2.22
description:    Bluetooth Core ver 2.22
author:         Marcel Holtmann <marcel@holtmann.org>
srcversion:     A95107C799860E816277636
depends:        ecdh_generic
retpoline:      Y
intree:         Y
name:           bluetooth
vermagic:       4.15.0-65-generic SMP mod_unload
signat:         PKCS#7
signer:
sig_key:
sig_hashalgo:   md4
parm:           disable_esco:Disable eSCO connection creation (bool)
parm:           disable_ertm:Disable enhanced retransmission mode (bool)
root@ger:~#
```

rmmod

Este comando descarga el módulo indicado, lo cual solo es posible cuando se ha dejado de usar esta este módulo. Si hay algún *PID* utilizando este módulo no será posible ejecutar esta orden hasta *matar* ese *PID*. Su sintaxis es *rmod NOMBRE_MODULO* :

```
root@ger:~# rmmod bluetooth
rmmod: ERROR: Module bluetooth is in use by: btrtl btintel btbcm bnep btusb rfcom
root@ger:~#
```

En el caso de este otro modulo, como no está en uso, si nos deja descargarlo:

```
root@ger: ~
Archivo  Editar  Ver  Buscar  Terminal  Ayuda
root@ger:~# lsmod|grep kvm_intel
                    217888  0
kvm                 598016  1
root@ger:~# rmmod kvm_intel
root@ger:~#
root@ger:~# lsmod|grep kvm_intel
root@ger:~#
```

modprobe

Carga o descarga de un módulo teniendo en cuenta las dependencias. Para recargar un módulo puedes utilizar "*modprobe -r NOMBRE_MODULO*" y siempre que no esté en uso se recargará. Sin embargo si el modulo no está cargado, tendremos que ejecutar "*modprobe -a NOMBRE_MODULO*" para cargarlo, por ejemplo cargamos el modulo que descargamos antes:

```
root@ger: ~
Archivo  Editar  Ver  Buscar  Terminal  Ayuda
root@ger:~# lsmod|grep kvm_intel
root@ger:~# modprobe -a kvm_intel
root@ger:~#
root@ger:~#
root@ger:~# lsmod|grep kvm_intel
                    217888  0
kvm                 598016  1
root@ger:~#
```

12.5. MÁS INFORMACIÓN DE DISPOSITIVOS Y DEL SISTEMA

- **lshw:** Con el comando "*lshw*" puedes ver toda la información sobre dispositivos del sistema por ejemplo podemos ver el tipo de memoria que se utiliza, números de serie del hardware, etc. Por ejemplo en un portátil podemos saber el modelo y número de serie del portátil.

  En este ejemplo mostramos como ver el tipo de memorias:

```
root@ger: ~
Archivo  Editar  Ver  Buscar  Terminal  Ayuda
root@ger:~# lshw | grep -A 20 memory -i
  *-
       descripción: Memoria de sistema
       id físico: 12
       ranura: Placa de sistema o placa base
       tamaño: 12GiB
     *-bank:0
       descripción: SODIMM DDR3 Síncrono 1600 MHz (0,6 ns)
       producto: M471B5173QH0-YK0
       fabricante: Samsung
       id físico: 0
       serie: 93844BAF
       ranura: DIMM0
       tamaño: 4GiB
       anchura: 64 bits
       reloj: 1600MHz (0.6ns)
     *-bank:1
       descripción: DIMMProject-Id-Version: lshwReport-Msgid-Bugs-To: FULL
 NAME <EMAIL@ADDRESS>PO-Revision-Date: 2012-03-14 06:38+0000Last-Translator: Pac
o Molinero <paco@byasl.com>Language-Team: Spanish <es@li.org>MIME-Version: 1.0Co
ntent-Type: text/plain; charset=UTF-8Content-Transfer-Encoding: 8bitX-Launchpad
-Export-Date: 2018-07-12 13:19+0000X-Generator: Launchpad (build 18719) [vacío]
       producto: Empty
       fabricante: Empty
```

- **dmidecode :** Este comando se parece bastante al anterior, pero en ocasiones da más información del sistema, podemos ejecutar el comando directamente ("*dmidecode*") o filtrar el resultado, por ejemplo:

```
root@ger: ~
Archivo  Editar  Ver  Buscar  Terminal  Ayuda
root@ger:~# dmidecode |grep I7 -i
       Family: Core
       Version: Intel(R) Core(TM)    4500U CPU @ 1.80GHz
root@ger:~#
```

Pero si realmente queremos ver los apartados que tenemos en nuestro PC o servidor, podemos ejecutar "*dmidecode -s*":

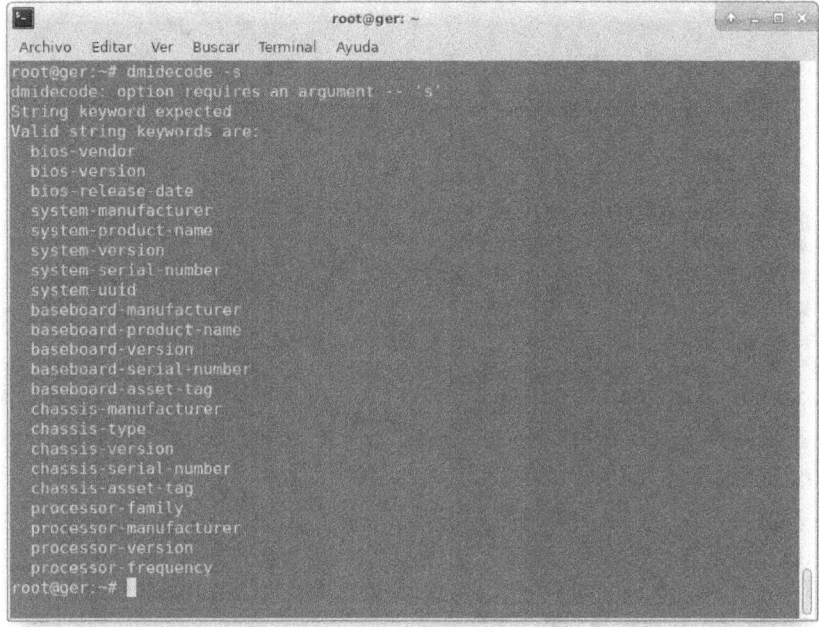

```
root@ger:~# dmidecode -s
dmidecode: option requires an argument -- 's'
String keyword expected
Valid string keywords are:
  bios-vendor
  bios-version
  bios-release-date
  system-manufacturer
  system-product-name
  system-version
  system-serial-number
  system-uuid
  baseboard-manufacturer
  baseboard-product-name
  baseboard-version
  baseboard-serial-number
  baseboard-asset-tag
  chassis-manufacturer
  chassis-type
  chassis-version
  chassis-serial-number
  chassis-asset-tag
  processor-family
  processor-manufacturer
  processor-version
  processor-frequency
root@ger:~#
```

Y luego filtrar por uno de los campos:

```
root@ger:~# dmidecode -s processor-manufacturer
Intel(R) Corporation
root@ger:~#
```

13. PUNTOS DE MONTAJE

Un punto de montaje no es más que un almacenamiento que no se encuentra en la partición o disco principal. Puede ser otro disco duro o partición o un almacenamiento en red.

13.1. VER DISPOSITIVOS DE ALMACENAMIENTO DISPONIBLES

Antes de realizar un montaje de algún dispositivo lo primero es saber cómo localizar los puntos de montaje, para saber que dispositivos de almacenamiento tenemos conectados a nuestro sistema podemos utilizar el comando "*fdisk -l*" el parámetro "*-l*" es importante ya que nos permite listar todos los dispositivos (cuidado al usar *fdisk* ya que es un comando que puede destruir información si no se utiliza correctamente, la opción "*-l*" no es destructiva pero otras sí).

La salida de este comando nos listará los dispositivos y sus particiones, se puede ejecutar directamente o especificar un dispositivo, os lo mostraré indicando un dispositivo ya que tengo muchas particiones "*loop*" que ensuciarían la captura:

Hay muchos tipos de sistema de ficheros en Linux los más usados son *EXT3, EXT4, XFS, BRTFS y LVM*

Compatibles con Windows tenemos: *FAT, NTFS*

126

Si queremos saber qué tipo de sistema de ficheros tiene una partición podemos ejecutar "*blkid PATH_DISPOSITIVO*":

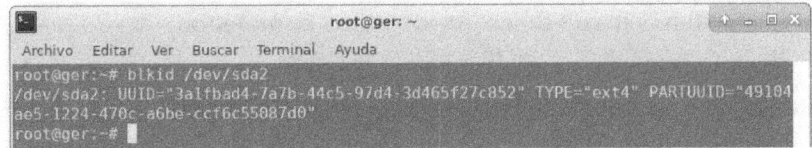

También podemos verlo con "*lsblk*":

```
root@ger:~# lsblk /dev/sda
NAME                 MAJ:MIN RM   SIZE RO TYPE  MOUNTPOINT
sda                    8:0    0 745,2G  0 disk
├─sda1                 8:1    0   512M  0 part  /boot/efi
├─sda2                 8:2    0   732M  0 part  /boot
└─sda3                 8:3    0   744G  0 part
  └─sda3_crypt       253:0    0   744G  0 crypt
    ├─ubuntu--vg-root 253:1    0   743G  0 lvm   /
    └─ubuntu--vg-swap_1 253:2  0   976M  0 lvm   [SWAP]
root@ger:~#
```

13.2. CREAR PARTICIONES

Después de asegurarnos de que el disco no tiene particiones o de que estas se pueden borrar (**se pierden los datos contenidos**) con *"fdisk -l"* y con *"lsblk"* procedemos a crear las particiones:

Para crear una partición empezamos ejecutando *"fdisk DISCO"* en nuestro caso *"fdisk /dev/sdc"*:

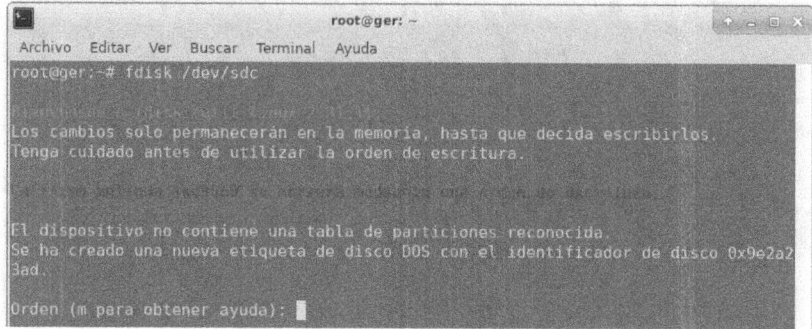

En este caso el dispositivo no tiene tabla de particiones, esto quiere decir que tenemos que añadir una antes de poder crear una partición, puede ser de varios tipos, los más comunes:

- MBR o DOS: Es la más común, soporta hasta 2TB, solo se pueden añadir 4 particiones primarias
- GPT: Soporta 9,4ZB (1 ZB son 1000 millones de terabytes) y 128 particiones primarias

Pulsando la letra *"m"* vemos las opciones, para crear una tabla de particiones *"MBR"* o *"DOS"* tenemos que pulsar la tecla *"o"* y para crear una de tipo *"GPT"* la letra *"g"*:

```
Crea una nueva etiqueta
   g   crea una nueva tabla de particiones GPT vacía
   G   crea una nueva tabla de particiones SGI (IRIX) vacía
   o   crea una nueva tabla de particiones DOS vacía
   s   crea una nueva tabla de particiones Sun vacía
```

En este caso como es un dispositivo de 8GB elegimos MBR/DOS:

```
Orden (m para obtener ayuda): o
Se ha creado una nueva etiqueta de disco DOS con el identificador de disco 0x0e713
7dc.
```

Ahora ya podemos crear una partición, para ello pulsamos la tecla "*n*" y nos pedirá que seleccionemos entre una partición primaria o extendida, en este caso seleccionaremos primaria ya que vamos crear una única partición que ocupe todo el disco. Las particiones extendidas son una forma de evitar el límite de 4 particiones en el sistema *MBR* ya que este tipo de particiones permite crear particiones lógicas dentro (estas particiones no son bootables). Después seleccionamos su tamaño, por defecto creamos una partición de tipo Linux, si queremos usar otro tipo tendríamos que pulsar la letra "*t*" y cambiar el tipo, pero en nuestro caso el tipo Linux nos vale:

```
Orden (m para obtener ayuda): n
Tipo de partición
   p   primaria (0 primaria(s), 0 extendida(s), 4 libre(s))
   e   extendida (contenedor para particiones lógicas)
Seleccionar (valor predeterminado p): p
Número de partición (1-4, valor predeterminado 1):
Primer sector (2048-15633407, valor predeterminado 2048):
Último sector, +sectores o +tamaño{K,M,G,T,P} (2048-15633407, valor predeterminado
15633407):

Crea una nueva partición 1 de tipo 'Linux' y de tamaño 7,5 GiB.

Orden (m para obtener ayuda):
```

Tenemos que guardar cambios en el disco, pulsamos la tecla "*w*":

```
Orden (m para obtener ayuda): w
Se ha modificado la tabla de particiones.
Llamando a ioctl() para volver a leer la tabla de particiones.
Se están sincronizando los discos.
```

Ahora la partición ya está creada:

```
                              root@ger: ~
Archivo  Editar  Ver  Buscar  Terminal  Ayuda
root@ger:~# fdisk -l /dev/sdc
Disco /dev/sdc: 7,5 GiB, 8004304896 bytes, 15633408 sectores
Unidades: sectores de 1 * 512 = 512 bytes
Tamaño de sector (lógico/físico): 512 bytes / 512 bytes
Tamaño de E/S (mínimo/óptimo): 512 bytes / 512 bytes
Tipo de etiqueta de disco: dos
Identificador del disco: 0x0e7137dc

Dispositivo Inicio Comienzo    Final Sectores Tamaño Id Tipo
/dev/sdc1              2048 15633407 15631360   7,5G 83 Linux
root@ger:~#
```

Todavía no se puede usar (el comando *mount* lo explicaremos en el siguiente apartado):

```
root@ger:~# mkdir /tmp/1
root@ger:~# mount /dev/sdc1 /tmp/1
NTFS signature is missing.
Failed to mount '/dev/sdc1': Argumento inválido
The device '/dev/sdc1' doesn't seem to have a valid NTFS.
Maybe the wrong device is used? Or the whole disk instead of a
partition (e.g. /dev/sda, not /dev/sda1)? Or the other way around?
root@ger:~#
```

Para poder usarla debemos darle formato, para ello, ejecutamos un comando "*mkfs*", dependiendo del tipo del tipo de sistema de ficheros que queramos elegir usaremos un comando u otro, por ejemplo, para formatear la partición como *EXT4* utilizamos "*mkfs.ext4*" y para hacerlo como *XFS* usamos "*mkfs.xfs*". En este caso seleccionaremos XFS:

```
root@ger:~# mkfs.xfs /dev/sdc1
meta-data=/dev/sdc1              isize=512    agcount=4, agsize=488480 blks
         =                       sectsz=512   attr=2, projid32bit=1
         =                       crc=1        finobt=1, sparse=0, rmapbt=0, reflin
k=0
data     =                       bsize=4096   blocks=1953920, imaxpct=25
         =                       sunit=0      swidth=0 blks
naming   =version 2              bsize=4096   ascii-ci=0 ftype=1
log      =registro interno       bsize=4096   blocks=2560, version=2
         =                       sectsz=512   sunit=0 blks, lazy-count=1
realtime =ninguno                extsz=4096   blocks=0, rtextents=0
root@ger:~#
root@ger:~#
root@ger:~# mount /dev/sdc1 /tmp/1
root@ger:~#
```

Si queremos borrar todo el contenido de una partición podemos ejecutar "*mkfs.TIPO PARTICION*".

13.3. MONTAR DISPOSITIVO DE ALMACENAMIENTO

Montar un dispositivo de almacenamiento quiere decir prepáralo para que el sistema lo pueda utilizar para leer y escribir datos en el:

Con el comando "*mount*" podemos que dispositivos tenemos montados. Este comando también sirve para montar la partición en un directorio, para ello antes de nada debemos elegir un directorio existente o crear uno antes de ejecutar "*mount DISPOSITIVO DIRECTORIO*", si nos fijamos como ejecutamos *mount* en la partición creada en el capítulo anterior, si ejecutamos "*mount | tail -n 1*" nos mostrará la última línea de los dispositivos montados y ahí aparecerá nuestra partición:

```
root@ger:~# mount |tail -n1
/dev/sdc1 on /tmp/1 type xfs (rw,relatime,attr2,inode64,noquota)
root@ger:~#
```

Podemos ver que tamaño tiene ocupada la partición con "*df -h /dev/sdc1*"

```
root@ger:~# df -h /dev/sdc1
S.ficheros      Tamaño Usados  Disp Uso% Montado en
/dev/sdc1         7,5G    40M  7,5G   1% /tmp/1
root@ger:~#
```

Como está recién creada la partición, no tiene datos:

```
root@ger: ~
Archivo  Editar  Ver  Buscar  Terminal  Ayuda
root@ger:~# ls -al /tmp/1
total 12
drwxr-xr-x   2 root root     6 oct 24 20:23 .
drwxrwxrwt  25 root root 12288 oct 24 20:32 ..
root@ger:~#
```

Si creamos un fichero dentro de la partición veremos cómo se guarda en esa partición:

```
root@ger:~# df -k /dev/sdc1
S.ficheros       bloques de 1K Usados Disponibles Uso% Montado en
/dev/sdc1            7805440  40800     7764640   1% /tmp/1
root@ger:~#
root@ger:~#
root@ger:~# echo "Este es un nuevo fichero en una partición" > /tmp/1/fichero.txt
root@ger:~#
root@ger:~# df -k /dev/sdc1
S.ficheros       bloques de 1K Usados Disponibles Uso% Montado en
/dev/sdc1            7805440  40824     7764616   1% /tmp/1
root@ger:~#
```

Con el comando "*umount DISPOSITIVO*" se desmonta el dispositivo en cuestión siempre y cuando no se esté usando por ningún *PID*:

```
root@ger:~#
root@ger:~#
root@ger:~# ls -al /tmp/1/
total 16
drwxr-xr-x  2 root root    25 oct 24 20:36 .
drwxrwxrwt 25 root root 12288 oct 24 20:36 ..
-rw-r--r--  1 root root    43 oct 24 20:36 fichero.txt
root@ger:~#
root@ger:~#
root@ger:~# umount /dev/sdc1
root@ger:~#
root@ger:~#
root@ger:~# ls -al /tmp/1/
total 16
drwxr-xr-x  2 root root  4096 oct 24 20:19 .
drwxrwxrwt 25 root root 12288 oct 24 20:36 ..
root@ger:~#
```

Como se puede apreciar si desmontamos el disco dejamos de tener disponibles los datos del disco y tampoco podremos ver su ocupación con el comando "*df*":

```
root@ger:~# df -k /dev/sdc1
S.ficheros       bloques de 1K Usados Disponibles Uso% Montado en
udev                6060816      0     6060816   0% /dev
root@ger:~#
```

Si montamos ese disco en otro *path* podemos acceder a la información contenida:

```
root@ger: ~                                         + _ □ ×
Archivo  Editar  Ver  Buscar  Terminal  Ayuda
root@ger:~# mkdir /tmp/NUEVA_PARTICION
root@ger:~# mount /dev/sdc1 /tmp/NUEVA_PARTICION/
root@ger:~# ls -al /tmp/NUEVA_PARTICION/
total 16
drwxr-xr-x  2 root root    25 oct 24 20:36 .
drwxrwxrwt 26 root root 12288 oct 24 20:42 ..
-rw-r--r--  1 root root    43 oct 24 20:36 fichero.txt
root@ger:~# cat /tmp/NUEVA_PARTICION/fichero.txt
Este es un nuevo fichero en una partición
root@ger:~# df -k /dev/sdc1
S.ficheros      bloques de 1K Usados Disponibles Uso% Montado en
/dev/sdc1            7805440  40804     7764636   1% /tmp/NUEVA_PARTICION
root@ger:~#
```

13.4. HACER PERMANENTE EL PUNTO DE MONTAJE

Si tenemos montada una partición con el comando "*mount*" y reiniciamos se arrancará el sistema con ella desmontada, para hacer este montaje persistente debemos editar el fichero "*/etc/fstab*":

Cada línea está compuesta por:

<file system> <mount point>   <type> <options>   <dump> <pass>

Por los que nosotros para hacer permanente el montaje de la partición creada primero ejecutaríamos una creación en otro directorio que no fuese */tmp ya* que es un directorio temporal que se borra al arranque, por ejemplo, lo montaríamos en /tmp y después añadiríamos la siguiente línea al final del fichero "*/etc/fstab*" (siempre como root):

/dev/sdc1 /mnt/nueva   xfs defaults   0 1

El ejemplo de cómo lo haríamos (utilizamos *cp* para hacer una copia de seguridad del *fstab*):

Si ejecutamos "*mount -a*" veremos si se monta de forma automática:

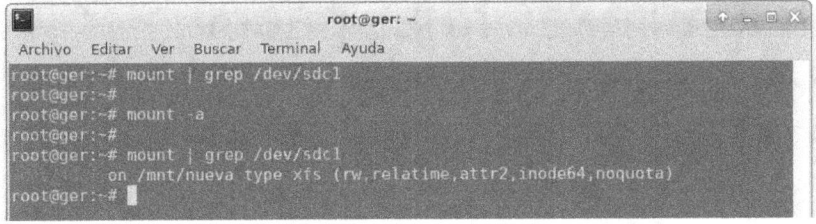

14. INSTALAR Y DESINSTALAR APLICACIONES RHEL/DEBIAN

14.1. ¿QUÉ SON LOS PAQUETES Y QUE TIPOS HAY?

Los paquetes son ficheros comprimidos que contienen la aplicación a instalar, pueden contener desde binarios a código fuente.

¿Qué tipo de paquetes existen?

- DEB: Contiene ejecutables o código fuente, páginas de información, datos sobre el copyright y ficheros de configuración.

Estos ficheros se utilizan por distribuciones basadas en Debian

- RPM: Este tipo de paquetes fueron creados para la distribución RedHat para tener una forma más fácil de instalar aplicaciones. Es utilizado por distribuciones basadas en RedHat

- Pacman: Contiene un fichero binario y un sistema simple para instalarlo, es utilizado por la distribución Arch. El tipo de compresión es .pkg.tar.xz

- Comprimidos:

  TGZ: Es un sistema de compresión para Unix, comprimido con el compresor GNU Zip. Este paquete contiene el código fuente de la aplicación. De esta manera con estos paquetes (los comprimidos) en caso de contener código fuente se podrá instalar en cualquier distribución.

  El contenido de estos paquetes debe ser compilado para que sea ejecutable. Normalmente contiene un fichero "*readme*" que informa de los pasos a seguir para llevar a cabo la compilación.

14.2. GESTIÓN DE PAQUETES EN RHEL / DEBIAN / ARCH

Dependiendo de cada sistema los comandos para gestionar la paquetería cambia

14.2.1 GESTIÓN DE PAQUETES EN RHEL

En RedHat (RHEL o Red Hat Enterprise Linux) y derivados (CentOS, Fedora, etc..) podemos gestionar paquetes "*.rpm*" de tres formas:

El comando "*rpm*" instala, actualiza y elimina paquetes "*rpm*". Un problema habitual cuando utilizas este comando son las dependencias (otros paquetes de los que depende el paquete a instalar). Esto suele suceder cuando se instala un paquete que requiere muchas librerías, la mejor forma de gestionan estas dependencias es instalando el paquete directamente con "*yum*" el cual tiene repositorios (servidores que poseen muchísimos paquetes) para poder gestionar correctamente las dependencias.

El comando "*yum*", como decíamos anteriormente, tiene repositorios para gestionar las dependencias. Estos repositorios se pueden añadir y eliminar, incluso habilitar y deshabilitar.

En algunos sistemas modernos basados en RedHat se puede utilizar el comando "*dnf*" es el "sucesor" yum, los parámetros de este instalador son muy similares a los de "*yum*" por lo que no lo explicaremos. Para más información sobre este comando se puede consultar su web: https://fedoraproject.org/wiki/DNF

Listar paquetes instalados

En el caso del comando "*rpm*" usado así "*rpm -qa*" nos muestra todos los paquetes instalados en el sistema:

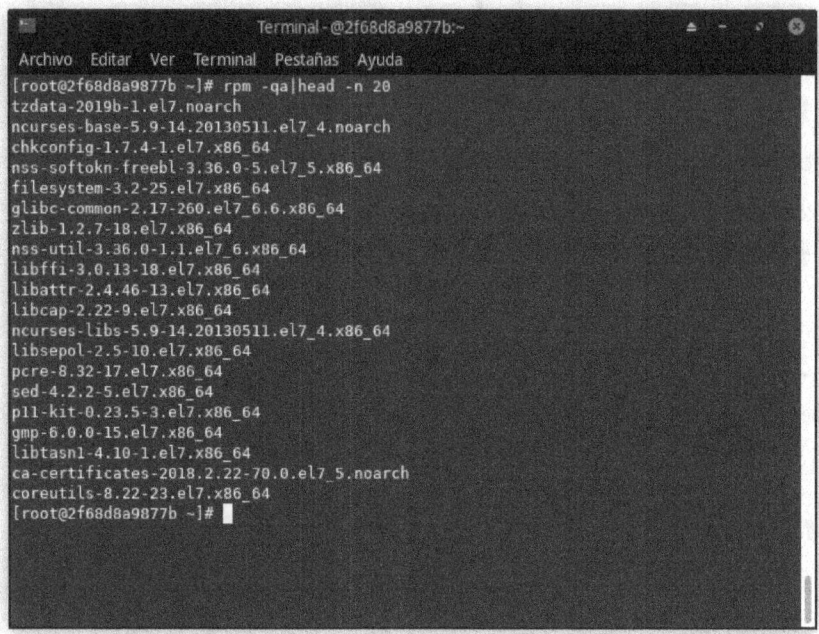

Instalar paquetes

Con el comando "*rpm -i /ruta/paquete.rpm*" podemos instalar un paquete:

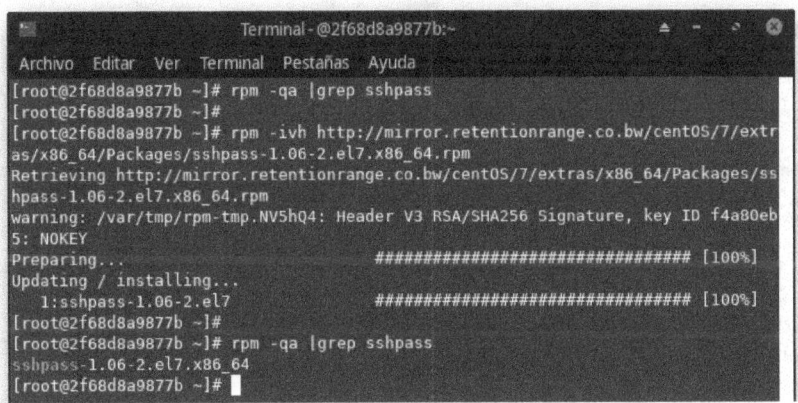

```
                          Terminal - @2f68d8a9877b:~
Archivo  Editar  Ver  Terminal  Pestañas  Ayuda
[root@2f68d8a9877b ~]# curl http://mirror.retentionrange.co.bw/centOS/7/extras/x86_64
/Packages/sshpass-1.06-2.el7.x86_64.rpm > sshpass-1.06-2.el7.x86_64.rpm
  % Total    % Received % Xferd  Average Speed   Time    Time     Time  Current
                                 Dload  Upload   Total   Spent    Left  Speed
100 21896  100 21896    0     0  12935      0  0:00:01  0:00:01 --:--:-- 12933
[root@2f68d8a9877b ~]#
[root@2f68d8a9877b ~]#
[root@2f68d8a9877b ~]# rpm -i sshpass-1.06-2.el7.x86_64.rpm
warning: sshpass-1.06-2.el7.x86_64.rpm: Header V3 RSA/SHA256 Signature, key ID f4a80e
b5: NOKEY
[root@2f68d8a9877b ~]#
```

Con "*rpm -ivh http://URL/PAQUETE.RPM*" podemos instalar un paquete que se encuentre en un servidor web sin tener que descargarlo antes de ejecutar la instalación, es decir, descarga e instala el paquete

```
                          Terminal - @2f68d8a9877b:~
Archivo  Editar  Ver  Terminal  Pestañas  Ayuda
[root@2f68d8a9877b ~]# rpm -qa |grep sshpass
[root@2f68d8a9877b ~]#
[root@2f68d8a9877b ~]# rpm -ivh http://mirror.retentionrange.co.bw/centOS/7/extr
as/x86_64/Packages/sshpass-1.06-2.el7.x86_64.rpm
Retrieving http://mirror.retentionrange.co.bw/centOS/7/extras/x86_64/Packages/ss
hpass-1.06-2.el7.x86_64.rpm
warning: /var/tmp/rpm-tmp.NV5hQ4: Header V3 RSA/SHA256 Signature, key ID f4a80eb
5: NOKEY
Preparing...                          ################################# [100%]
Updating / installing...
   1:sshpass-1.06-2.el7                ################################# [100%]
[root@2f68d8a9877b ~]#
[root@2f68d8a9877b ~]# rpm -qa |grep sshpass
sshpass-1.06-2.el7.x86_64
[root@2f68d8a9877b ~]#
```

Actualizar paquetes

Cuando hay previamente instalada una versión del paquete podemos actualizarlo con el comando "*rpm -Uvh NUEVO_PAQUETE.RPM*"

```
                        Terminal - @2f68d8a9877b:~
 Archivo  Editar  Ver  Terminal  Pestañas  Ayuda
[root@2f68d8a9877b ~]# rpm -qa |grep sshpass
sshpass-1.06-1.10.x86_64
[root@2f68d8a9877b ~]#
[root@2f68d8a9877b ~]#
[root@2f68d8a9877b ~]#
[root@2f68d8a9877b ~]# rpm -Uvh sshpass-1.06-2.el7.x86_64.rpm
Preparing...                          ############################### [100%]
Updating / installing...
   1:sshpass-1.06-2.el7                ############################### [ 50%]
Cleaning up / removing...
   2:sshpass-1.06-1.10                 ############################### [100%]
[root@2f68d8a9877b ~]#
[root@2f68d8a9877b ~]#
[root@2f68d8a9877b ~]# rpm -qa |grep sshpass
sshpass-1.06-2.el7.x86_64
[root@2f68d8a9877b ~]#
```

Eliminar paquetes

Con el comando "*rpm -e PAQUETE*" se puede desinstalar un paquete siempre y cuando no sea dependencia de otro:

```
                        Terminal - @2f68d8a9877b:~
 Archivo  Editar  Ver  Terminal  Pestañas  Ayuda
[root@2f68d8a9877b ~]# rpm -qa |grep sshpass
sshpass-1.06-2.el7.x86_64
[root@2f68d8a9877b ~]#
[root@2f68d8a9877b ~]# rpm -e sshpass
[root@2f68d8a9877b ~]#
[root@2f68d8a9877b ~]# rpm -qa |grep sshpass
[root@2f68d8a9877b ~]#
```

Ver en que directorios deja contenido un paquete

Con el comando "*rpm -qlp PAQUETE.rpm*" podemos ver donde dejará contenido el paquete que estamos manejando:

```
[root@2f68d8a9877b ~]# rpm -qlp sshpass-1.06-2.el7.x86_64.rpm
/usr/bin/sshpass
/usr/share/doc/sshpass-1.06
/usr/share/doc/sshpass-1.06/AUTHORS
/usr/share/doc/sshpass-1.06/COPYING
/usr/share/doc/sshpass-1.06/ChangeLog
/usr/share/doc/sshpass-1.06/NEWS
/usr/share/man/man1/sshpass.1.gz
[root@2f68d8a9877b ~]#
```

CON YUM

Yum añade mucha versatilidad a los paquetes *RPM* ya que aparte de aportar repositorios, resolver las dependencias y descargar los paquetes, también gestionará de mejor forma las desinstalaciones de un paquete.

Gestionar repositorios de *yum*

Los repositorios de *yum* se encuentran en "*/etc/yum.repos.d*". Son ficheros de texto que contienen la configuración de cada repositorio. Normalmente en una instalación por defecto nos encontraremos con esto:

```
[root@2f68d8a9877b ~]# ls -al /etc/yum.repos.d/
total 36
drwxr-xr-x 2 root root  187 Nov  5 2018 .
drwxr-xr-x 1 root root 4096 Oct 29 23:15 ..
-rw-r--r-- 1 root root 1664 Nov 23 2018 CentOS-Base.repo
-rw-r--r-- 1 root root 1309 Nov 23 2018 CentOS-CR.repo
-rw-r--r-- 1 root root  649 Nov 23 2018 CentOS-Debuginfo.repo
-rw-r--r-- 1 root root  630 Nov 23 2018 CentOS-Media.repo
-rw-r--r-- 1 root root 1331 Nov 23 2018 CentOS-Sources.repo
-rw-r--r-- 1 root root 5701 Nov 23 2018 CentOS-Vault.repo
-rw-r--r-- 1 root root  314 Nov 23 2018 CentOS-fasttrack.repo
[root@2f68d8a9877b ~]#
```

Un ejemplo de un repositorio es:

[root@centostest ~]# cat /etc/yum.repos.d/CentOS-Base.repo

[base]

name=CentOS-$releasever - Base

mirrorlist=http://mirrorlist.centos.org/?release=$releasever&arch=$basearch&repo=os&infra=$infra

#baseurl=http://mirror.centos.org/centos/$releasever/os/$basearch/

gpgcheck=1

gpgkey=file:///etc/pki/rpm-gpg/RPM-GPG-KEY-CentOS-7

enabled=1

#released updates

[updates]

name=CentOS-$releasever - Updates

mirrorlist=http://mirrorlist.centos.org/?release=$releasever&arch=$basearch&repo=updates&infra=$infra

#baseurl=http://mirror.centos.org/centos/$releasever/updates/$basearch/

gpgcheck=1

gpgkey=file:///etc/pki/rpm-gpg/RPM-GPG-KEY-CentOS-7

enabled=0

Cada parte marcada con corchetes "*[NOMBRE]*" indica un repositorio (también llamado *repo*) en el mismo fichero de configuración, la parte marcada entre "corchetes" indica el nombre a nivel de configuración, es decir puede haber tantos repos como "corchetes" contenga el total de ficheros de "*/etc/yum.repos.d*".

El apartado "*name=*" indica el nombre que se mostrará en *yum* al hacer uso del *repo,* también se utilizará este nombre para habilitarlo desde la línea de comandos de *yum*.

Las líneas que comiencen con almohadilla (#) están comentadas, eso quiere decir que es como si no existiesen. Por ejemplo, la URL del repo puede ir en el campo "*mirrorlist=*" o en el campo "*baseurl=*" pero una de las 2 estará comentada.

El campo "*gpgcheck=*" indica si comprobaremos la clave GPG del repositorio (0 no la comprueba y 1 la comprueba). Si se activa, se comprobará con el campo "*gpgkey=*", el cual contendrá la ruta del fichero GPG para hacer la comprobación del *repo*.

Para activar o desactivar el *repo* debemos establecer el campo "*enabled=*" a 0 para desactivarlo y a 1 para activarlo.

Para desactivar los repos contenidos en un fichero de configuración de repo, solo hay que cambiarle la extensión "*.repo*" por otra (o cambiar todos los campos "*enabled=*" de los repos contenidos a 0)

También se pueden deshabilitar y habilitar los repositorios con la utilidad "*yum-config-manager*" ejecutando "*yum-config-manager -- disable REPONAME*" para deshabilitarlo y "*yum-config-manager -- enable REPONAME*" para habilitarlo.

Para ver todos los repositorios disponibles y su estado actual podemos ejecutar: "*yum repolist all*".

Buscar paquetes con yum

Para buscar paquetes simplemente debemos ejecutar "*yum search PAQUETE*" y de esta forma *yum* nos devolverá el listado de paquetes que coinciden con nuestra búsqueda:

```
                          Terminal - @2f68d8a9877b:~
Archivo  Editar  Ver  Terminal  Pestañas  Ayuda
[root@2f68d8a9877b ~]# yum search httpd
Loaded plugins: fastestmirror, ovl
Loading mirror speeds from cached hostfile
 * base: mirror.airenetworks.es
 * extras: mirror.airenetworks.es
 * updates: mirror.airenetworks.es
==================== N/S matched: httpd ====================
keycloak-httpd-client-install.noarch : Tools to configure Apache HTTPD as
                                      : Keycloak client
libmicrohttpd-devel.i686 : Development files for libmicrohttpd
libmicrohttpd-devel.x86_64 : Development files for libmicrohttpd
libmicrohttpd-doc.noarch : Documentation for libmicrohttpd
python2-keycloak-httpd-client-install.noarch : Tools to configure Apache HTTPD
                                      : as Keycloak client
httpd.x86_64 : Apache HTTP Server
httpd-devel.x86_64 : Development interfaces for the Apache HTTP server
httpd-manual.noarch : Documentation for the Apache HTTP server
httpd-tools.x86_64 : Tools for use with the Apache HTTP Server
libmicrohttpd.i686 : Lightweight library for embedding a webserver in
                                      : applications
libmicrohttpd.x86_64 : Lightweight library for embedding a webserver in
                                      : applications
mod_auth_mellon.x86_64 : A SAML 2.0 authentication module for the Apache Httpd
                                      : Server
mod_dav_svn.x86_64 : Apache httpd module for Subversion server

  Name and summary matches only, use "search all" for everything.
[root@2f68d8a9877b ~]#
```

También se pueden buscar paquetes que provean un comando, esto se hace ejecutando el comando "*yum provides COMANDO*" y *yum* nos devolverá los paquetes que nos aporten este comando:

```
Terminal - @2f68d8a9877b:~
Archivo  Editar  Ver  Terminal  Pestañas  Ayuda
[root@2f68d8a9877b ~]# yum provides ifconfig
Loaded plugins: fastestmirror, ovl
Loading mirror speeds from cached hostfile
 * base: mirror.airenetworks.es
 * extras: mirror.airenetworks.es
 * updates: mirror.airenetworks.es
base/7/x86_64/filelists_db                    | 7.3 MB   00:01
extras/7/x86_64/filelists_db                  | 207 kB   00:00
updates/7/x86_64/filelists_db                 | 2.1 MB   00:00
net-tools-2.0-0.25.20131004git.el7.x86_64 : Basic networking tools
Repo        : base
Matched from:
Filename    : /sbin/ifconfig
```

De esta forma si estamos buscando un paquete que nos facilite el comando ifconfig, podemos instalar el paquete "*net-tools-2.0-0.25.20131004git.el7.x86_64*" y así dispondremos de el.

Otra forma interesante de buscar paquetes, es únicamente activando un repositorio en concreto:

Por ejemplo si tenemos instalado el repositorio epel, podemos dejarlos deshabilitado y solo usarlo cuando queramos ejecutando "*yum search ncdu --enablerepo=epel*", por ejemplo:

```
Terminal - @2f68d8a9877b:~
Archivo  Editar  Ver  Terminal  Pestañas  Ayuda
[root@2f68d8a9877b ~]# yum search ncdu
Loaded plugins: fastestmirror, ovl
Loading mirror speeds from cached hostfile
 * base: mirror.airenetworks.es
 * extras: mirror.airenetworks.es
 * updates: mirror.airenetworks.es
Warning: No matches found for: ncdu
No matches found
[root@2f68d8a9877b ~]#
[root@2f68d8a9877b ~]#
[root@2f68d8a9877b ~]#
[root@2f68d8a9877b ~]# yum search ncdu --enablerepo=epel
Loaded plugins: fastestmirror, ovl
Loading mirror speeds from cached hostfile
 * base: mirror.airenetworks.es
 * epel: mirror.uv.es
 * extras: mirror.airenetworks.es
 * updates: mirror.airenetworks.es
========================= N/S matched: ncdu =========================
ncdu.x86_64 : Text-based disk usage viewer

  Name and summary matches only, use "search all" for everything.
[root@2f68d8a9877b ~]#
```

Instalar paquetes

Para instalar un paquete con *yum* es tan simple como ejecutar *"yum install PAQUETE"* como podemos ver en la siguiente imagen:

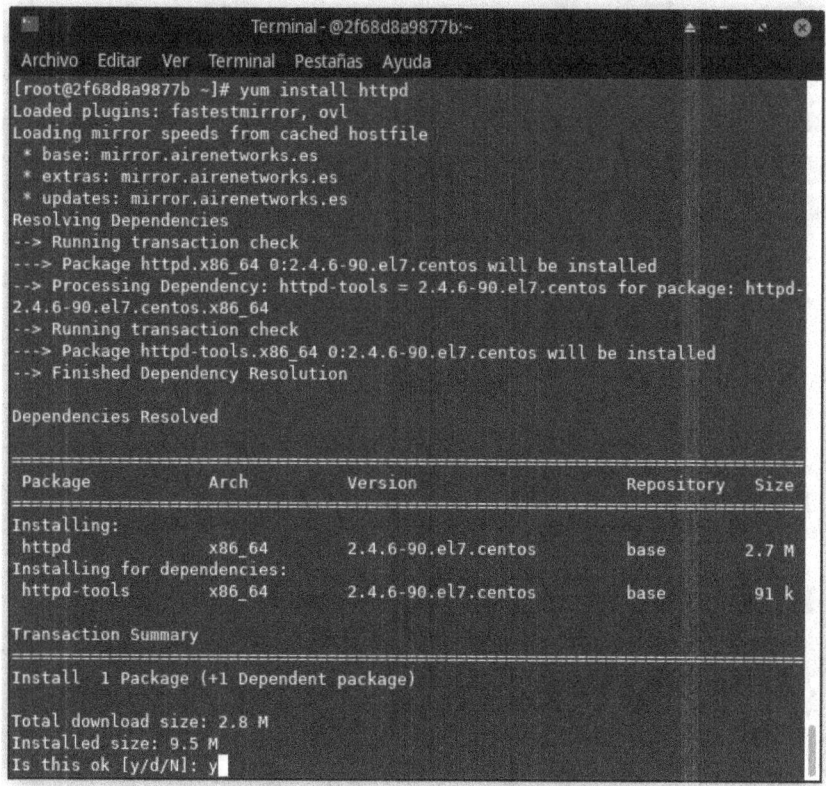

Si se quiere evitar que pida confirmación, debemos ejecutarlo con la opción *"-y"*, es decir, en el ejemplo de arriba: *"yum install -y httpd"* y directamente lo instalará sin pedir opciones.

Otra forma interesante es habilitar un *repo* para instalar un paquete que solo está disponible en ese repo:

Aquí probamos a instalar el paquete *"ncdu"* con los repos del sistema:

```
[root@2f68d8a9877b ~]# yum install ncdu
Loaded plugins: fastestmirror, ovl
Loading mirror speeds from cached hostfile
 * base: mirror.airenetworks.es
 * extras: mirror.airenetworks.es
 * updates: mirror.airenetworks.es
No package ncdu available.
Error: Nothing to do
[root@2f68d8a9877b ~]#
```

Sin embargo si habilitamos el repositorio *epel* con *"yum install ncdu --enablerepo=epel"*:

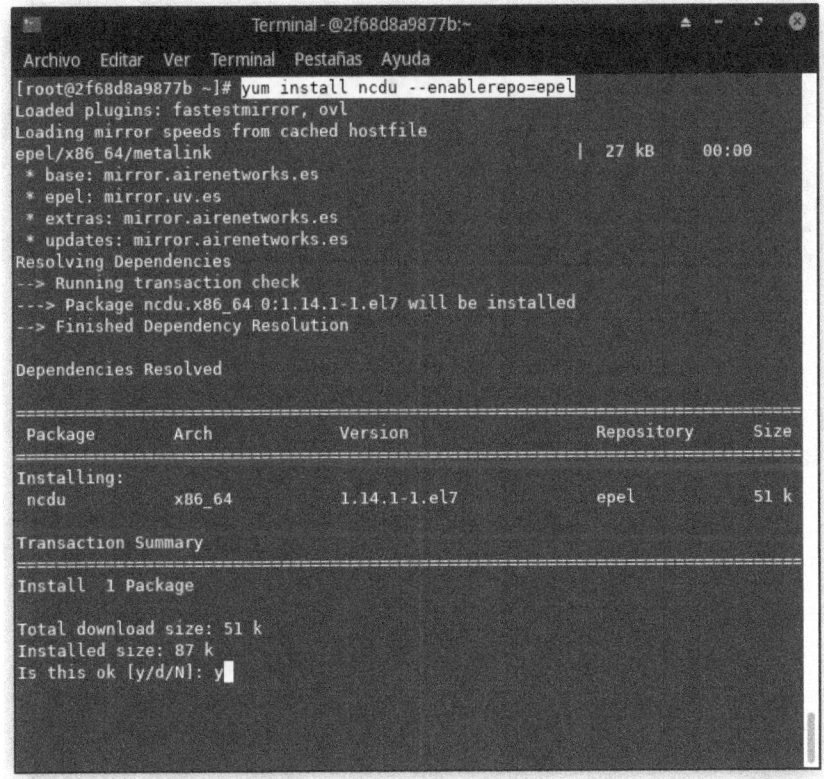

Otra opción de instalación muy buena que tiene *yum* es que se pueden instalar paquetes desde una URL sin tener que descargar el paquete previamente, y si tiene dependencias las intentará resolver y descargará e instalará los paquetes de las dependencias siempre que estén en los repositorios habilitados:

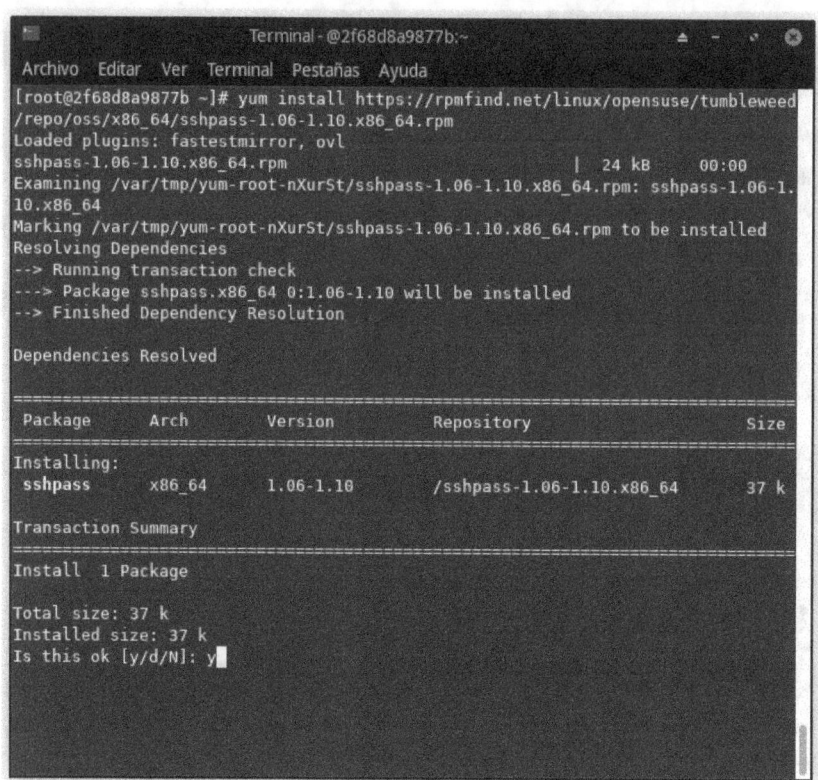

```
[root@2f68d8a9877b ~]# yum install https://rpmfind.net/linux/opensuse/tumbleweed
/repo/oss/x86_64/sshpass-1.06-1.10.x86_64.rpm
Loaded plugins: fastestmirror, ovl
sshpass-1.06-1.10.x86_64.rpm                              |  24 kB   00:00
Examining /var/tmp/yum-root-nXurSt/sshpass-1.06-1.10.x86_64.rpm: sshpass-1.06-1.
10.x86_64
Marking /var/tmp/yum-root-nXurSt/sshpass-1.06-1.10.x86_64.rpm to be installed
Resolving Dependencies
--> Running transaction check
---> Package sshpass.x86_64 0:1.06-1.10 will be installed
--> Finished Dependency Resolution

Dependencies Resolved

================================================================================
 Package        Arch        Version          Repository               Size
================================================================================
Installing:
 sshpass        x86_64      1.06-1.10        /sshpass-1.06-1.10.x86_64   37 k

Transaction Summary
================================================================================
Install  1 Package

Total size: 37 k
Installed size: 37 k
Is this ok [y/d/N]: y
```

Al igual que en el ejemplo anterior, también se puede descargar un RPM e instalar desde *yum*, comportandose exactamente igual con las dependencias:

```
Terminal - @2f68d8a9877b:~

Archivo  Editar  Ver  Terminal  Pestañas  Ayuda
[root@2f68d8a9877b ~]# yum install sshpass-1.06-2.el7.x86_64.rpm
Loaded plugins: fastestmirror, ovl
Examining sshpass-1.06-2.el7.x86_64.rpm: sshpass-1.06-2.el7.x86_64
Marking sshpass-1.06-2.el7.x86_64.rpm to be installed
Resolving Dependencies
--> Running transaction check
---> Package sshpass.x86_64 0:1.06-2.el7 will be installed
--> Finished Dependency Resolution

Dependencies Resolved

================================================================================
 Package        Arch        Version        Repository                    Size
================================================================================
Installing:
 sshpass        x86_64      1.06-2.el7     /sshpass-1.06-2.el7.x86_64    38 k

Transaction Summary
================================================================================
Install  1 Package

Total size: 38 k
Installed size: 38 k
Is this ok [y/d/N]: y
```

Listar paquetes instalados

Podemos listar todos los paquete instalados utiliando el comando "*yum list installed*":

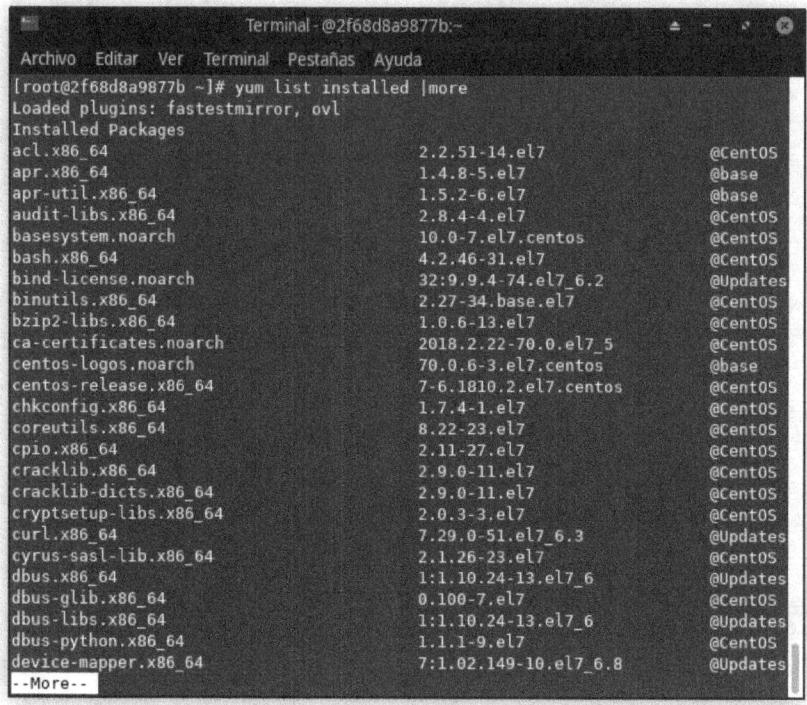

Actualizar un paquete

Con *yum* podemos tener la ventaja de actualizar los paquetes instalados, para actualizar un paquete en concreto, solo tenemos que ejecutar *"yum upgrade PAQUETE"* y yum se encargará de buscar la versión más moderna del paquete y sus dependencias en los *repos* habilitados:

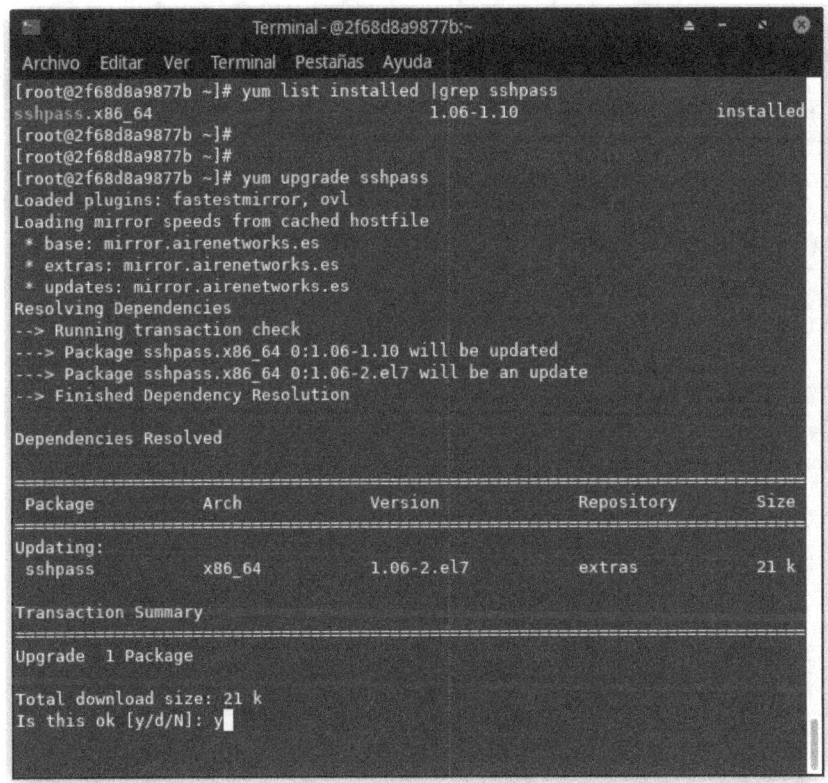

Si queremos actualizar desde un paquete local sería *"yum upgrade PAQUETE.rpm"*

Bajar de versión un paquete instalado

Al igual que con la actualización de paquetes con *yum* podemos hacer un downgrade de la versión del paquete instalado siempre que el repositorio tenga versiones anteriores, para ello solo tenemos que ejecutar "*yum downgrade PAQUETE*", si el repo no dispone de un paquete de versión inferior a la actual pero si lo tenemos en local, podemos ejecutar "*yum downgrade PAQUETE.rpm*", por ejemplo:

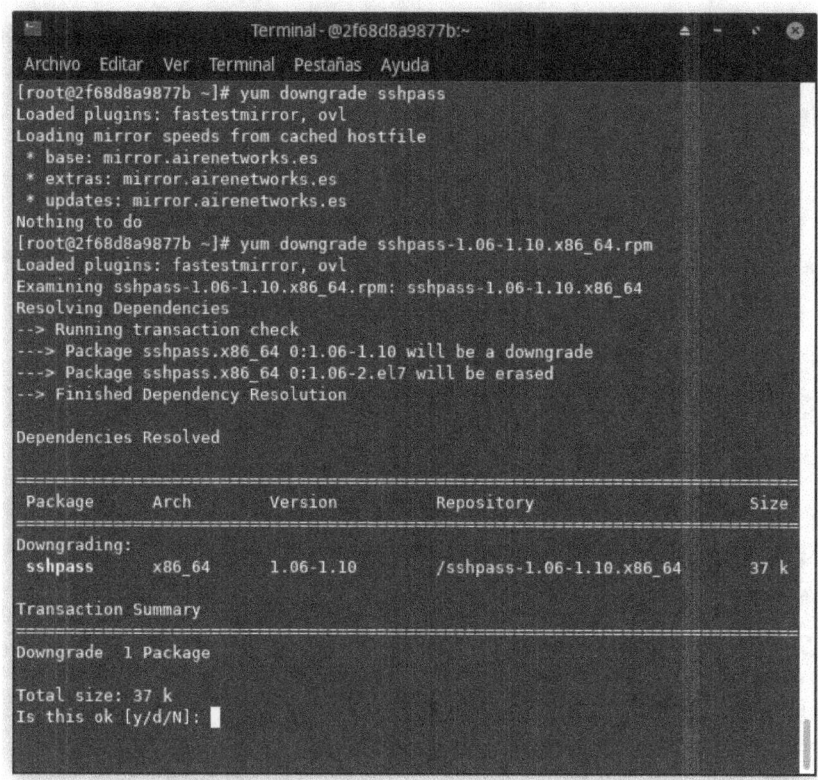

Desinstalar paquetes

Para desinstalar paquetes utilizamos el comando *"yum remove PAQUETE"* como se puede ver en la imagen:

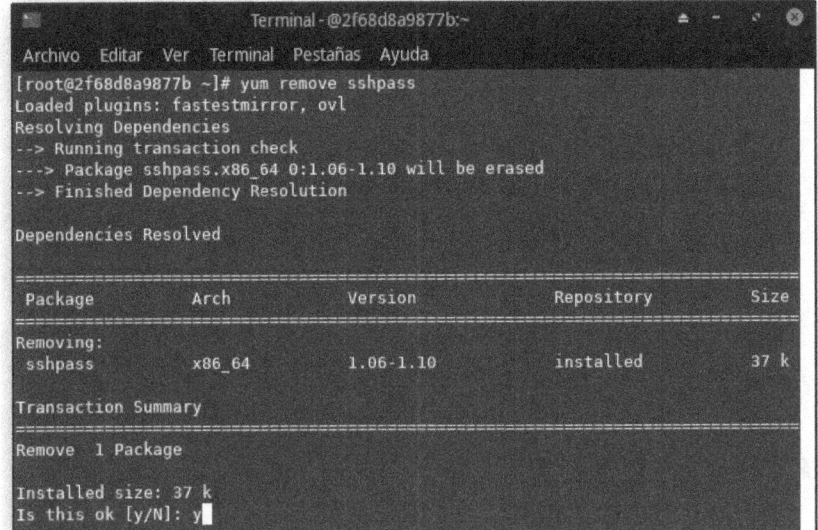

Si queremos que no pida confirmación, se puede utilizar la opción "*-y*", en el ejemplo anterior sería *"yum remove -y sshpass"*.

Repositorios alternativos

Existen infinidad de repositorios alternativos en los cuales podemos encontrar muchisimos paquetes que no están en los repositorios oficiales, los más conocidos son: *epel* y *remi*

Para instalar el repositorio epel, no tenemos más que ejecutar: *"yum install epel-release"*

14.2.2 GESTIÓN DE PAQUETES EN DEBIAN

En Debian al igual que ocurre en RedHat, hay varias formas de instalar paquetes:

- Con el comando *dpkg*: gestiona dependencias pero no trabaja con repositorios
- Con apt / aptitude: Facilita repositorios que gestionan las dependencias para actualizaciones, instalaciones, etc. En las antiguas versiones de Debian y Ubuntu no se podia usar *apt search* o *apt install* tenía que utilizarse *apt-get install* o *apt-cache search* para acer compatible la sintaxis utilizaremos la forma vieja de llamar al comando.

CON DPKG

Instalar paquetes

Con el comando "*dpkg -i PAQUETE.deb* " se instala un paquete. Para instalar un paquete que se encuentra en una URL, podemos utilizar los comandos "*curl URL > fichero.deb*" o "wget URL" para descargar el paquete al sistema y luego instalarlo con "*dpkg -i fichero.deb*":

Actualizar paquetes

En el caso de *dpkg* para instalar una nueva versión solamente se tiene que ejecutar el comando de instalación con el nuevo paquete

Desinstalar paquetes

Para desinstalar paquetes con *dpkg* tenemos que usar "*dpkg -r NOMBRE-DEL-PAQUETE*", lo cual conservará los ficheros de configuración, o con "*dpkg -P NOMBRE-DEL-PAQUETE*", lo cual eliminará todo lo relacionado con el paquete.

Listar paquetes instalados

Con el comando "*dpkg -l*" listamos todos los paquetes instalados:

```
root@d2a821becaf7:~# dpkg -l |head
Desired=Unknown/Install/Remove/Purge/Hold
| Status=Not/Inst/Conf-files/Unpacked/halF-conf/Half-inst/trig-aWait/Trig-pend
|/ Err?=(none)/Reinst-required (Status,Err: uppercase=bad)
||/ Name                    Version                  Architecture Description
+++-=======================-========================-============-================
ii  adduser                 3.116ubuntu1             all          add and remove
 users and groups
ii  apt                     1.6.12                   amd64        commandline pa
ckage manager
ii  base-files              10.1ubuntu2.7            amd64        Debian base sy
stem miscellaneous files
ii  base-passwd             3.5.44                   amd64        Debian base sy
stem master password and group files
ii  bash                    4.4.18-2ubuntu1.2        amd64        GNU Bourne Aga
in SHell
root@d2a821becaf7:~#
```

CON APT / APTITUDE

Gestionar repositorios

La gestión de repositorios varía respecto a la de RedHat, en este caso los repositorios se encuentran en "*/etc/apt/sources.list*" que es un fichero y contiene un listado de *repos*, y en "*/etc/apt/sources.list.d*" que es un directorio y contiene ficheros que a su vez contienen un listado de repositorios.

El contenido de un fichero de configuración de *repos* de *apt* es:

```
root@d2a821becaf7:~# cat /etc/apt/sources.list

# See http://help.ubuntu.com/community/UpgradeNotes for how to upgrade to

# newer versions of the distribution.

deb http://archive.ubuntu.com/ubuntu/ bionic main restricted

# deb-src http://archive.ubuntu.com/ubuntu/ bionic main restricted

## distribution.

deb http://archive.ubuntu.com/ubuntu/ bionic-updates main restricted

# deb-src http://archive.ubuntu.com/ubuntu/ bionic-updates main restricted
```

Como se puede apreciar cada linea que empieza por la palabra "*deb*" es un repositorio, realmente el repositorio es la url que sigue a esta palabra, y la versión del sistema de los paquetes es en este caso "*bionic*".

Si queremos añadir un nuevo repositorio, podemos añadirlo a creando una nueva línea con la configuración de este repositorio en "*/etc/apt/sources.list*" y para desabilitarlo podemos comentar la línea o eliminarla si no vamos a utilizar mas ese repositorio.

Finalmente, cuando hagamos cambios en los repositorios, lo siguiente que hay que hacer para aplicarlos es ejecutar "*apt-cache update*", este comando actualiza la información cacheada sobre los paquetes contenidos en los *repos*.

Buscar paquetes

Para buscar paquetes ejecutamos 2 comandos, primero "*apt-cache update*" y después buscamos el paquete con "*apt-cache search PAQUETE*":

Instalar paquetes

Al igual que hacemos antes de buscar un paquete, actualizamos la información de los repositorios con "*apt-cache update*", después podemos instalar el paquete que queramos con "*apt-get install PAQUETE*" siempre que esté en un *repo* que tengamos habilitado

```
root@d2a821becaf7:~# apt-get install ncdu
Reading package lists... Done
Building dependency tree
Reading state information... Done
The following NEW packages will be installed:
  ncdu
0 upgraded, 1 newly installed, 0 to remove and 0 not upgraded.
Need to get 38.6 kB of archives.
After this operation, 93.2 kB of additional disk space will be used.
Get:1 http://archive.ubuntu.com/ubuntu bionic/universe amd64 ncdu amd64 1.12-1 [
38.6 kB]
Fetched 38.6 kB in 0s (221 kB/s)
debconf: delaying package configuration, since apt-utils is not installed
Selecting previously unselected package ncdu.
(Reading database ... 4046 files and directories currently installed.)
Preparing to unpack .../archives/ncdu_1.12-1_amd64.deb ...
Unpacking ncdu (1.12-1) ...
Setting up ncdu (1.12-1) ...
root@d2a821becaf7:~#
```

Se puede añadir la opción "*-y*" para evitar que pida confirmación por ejemplo "*apt-get install -y PAQUETE*" en caso de que pida confirmación.

Actualizar Paquetes

Para actualizar un paquete solamente hay que ejecutar una instalación de la nueva versión del paquete (ha de estar disponible en el repositorio) tal y como lo hacemos en el apartado anterior.

Desinstalar paquetes

Al igual que sucede con "*dpkg*" con "*apt*" tenemos dos formas de desinstalar paquete, borrando conffiguraciones para ello ejecutamos "*apt-get purge PAQUETE*" o sin hacerlo con "*apt-get purge PAQUETE*"

```
Terminal - root@d2a821becaf7: ~
Archivo  Editar  Ver  Terminal  Pestañas  Ayuda
root@d2a821becaf7:~# apt-get purge ncdu
Reading package lists... Done
Building dependency tree
Reading state information... Done
The following packages will be REMOVED:
  ncdu*
0 upgraded, 0 newly installed, 1 to remove and 0 not upgraded.
After this operation, 93.2 kB disk space will be freed.
Do you want to continue? [Y/n]
```

A ambas opciones se les puede añadir la opción "*-y*" para que no pida confirmación, por ejemplo "*apt-get purge -y PAQUETE*"

```
Terminal - root@d2a821becaf7: ~
Archivo  Editar  Ver  Terminal  Pestañas  Ayuda
root@d2a821becaf7:~# apt-get purge -y ncdu
Reading package lists... Done
Building dependency tree
Reading state information... Done
The following packages will be REMOVED:
  ncdu*
0 upgraded, 0 newly installed, 1 to remove and 0 not upgraded.
After this operation, 93.2 kB disk space will be freed.
(Reading database ... 4051 files and directories currently installed.)
Removing ncdu (1.12-1) ...
root@d2a821becaf7:~#
```

14.3. ACTUALIZACIÓN DEL SISTEMA EN RHEL / DEBIAN

En este apartado es uno donde mas se diferencian estos dos tipos de sistemas como se verá mas adelante.

ACTUALIZAR EL SISTEMA EN RHEL Y DERIVADOS

Para actualizar los paquetes de un sistema RedHat solo debemos ejecutar "*yum upgrade*" y actualizaremos los paquetes a una versión más moderna siempre que exista una versión mas moderna.

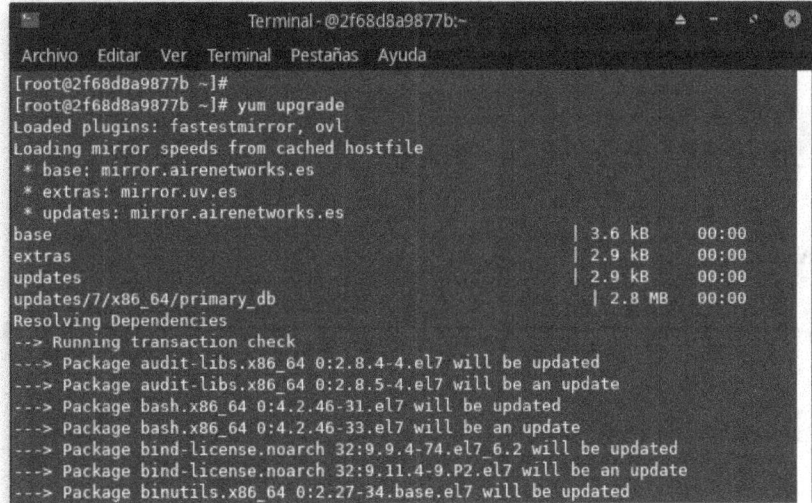

En los sistemas RedHat y derivados se pueden actualizar los paquetes hasta el límite del sistema, es decir, actualmente la versión que tienen casi todos los servidores actuales es RedHat 7, pero si queremos actualizarlos al nuevo sistema RedHat 8 desde el sistema operativo, no podremos.

Lo que si podemos hacer es utilizar los repositorios con los paquetes más actualizados y como hemos visto antes, ejecutar "*yum upgrade -y*" para actualizar todos los paquetes del sistema que tengan una nueva versión, al tener la opción "*-y*" se actualizará sin confirmación.

ACTUALIZAR EL SISTEMA EN DEBIAN Y DERIVADOS

En el caso de un sistema Debian, podemos los actualizar del sistema con pocos pasos. Para actualizar los paquetes del sistema, primero ejecutamos "*apt-cache update*" y después "*apt-gget upgrade*" con este segundo paso actualizamos los paquetes del sistema, si queremos que no pida confirmación solo debemos añadir la opción "*-y*" ejecutando el comando "*apt-get upgrade -y*".

Actualización de *repos*

```
root@d2a821becaf7:~# apt update
Get:1 http://archive.ubuntu.com/ubuntu bionic InRelease [242 kB]
Get:2 http://security.ubuntu.com/ubuntu bionic-security InRelease [88.7 kB]
Get:3 http://archive.ubuntu.com/ubuntu bionic-updates InRelease [88.7 kB]
Get:4 http://archive.ubuntu.com/ubuntu bionic-backports InRelease [74.6 kB]
Get:5 http://archive.ubuntu.com/ubuntu bionic/multiverse amd64 Packages [186 kB]
Get:6 http://archive.ubuntu.com/ubuntu bionic/main amd64 Packages [1344 kB]
Get:7 http://archive.ubuntu.com/ubuntu bionic/universe amd64 Packages [11.3 MB]
Get:8 http://security.ubuntu.com/ubuntu bionic-security/universe amd64 Packages
[782 kB]
Get:9 http://security.ubuntu.com/ubuntu bionic-security/main amd64 Packages [700
 kB]
Get:10 http://archive.ubuntu.com/ubuntu bionic/restricted amd64 Packages [13.5 k
B]
Get:11 http://archive.ubuntu.com/ubuntu bionic-updates/restricted amd64 Packages
 [23.2 kB]
```

Actualización de paquetes del sistema operativo:

```
Terminal - root@d2a821becaf7: ~

Archivo  Editar  Ver  Terminal  Pestañas  Ayuda
root@d2a821becaf7:~# apt upgrade
Reading package lists... Done
Building dependency tree
Reading state information... Done
Calculating upgrade... Done
The following packages will be upgraded:
  libidn2-0
1 upgraded, 0 newly installed, 0 to remove and 0 not upgraded.
Need to get 48.7 kB of archives.
After this operation, 0 B of additional disk space will be used.
Do you want to continue? [Y/n] Y
Get:1 http://archive.ubuntu.com/ubuntu bionic-updates/main amd64 libidn2-0 amd64
 2.0.4-1.1ubuntu0.2 [48.7 kB]
Fetched 48.7 kB in 0s (301 kB/s)
debconf: delaying package configuration, since apt-utils is not installed
(Reading database ... 4046 files and directories currently installed.)
Preparing to unpack .../libidn2-0_2.0.4-1.1ubuntu0.2_amd64.deb ...
Unpacking libidn2-0:amd64 (2.0.4-1.1ubuntu0.2) over (2.0.4-1.1build2) ...
Setting up libidn2-0:amd64 (2.0.4-1.1ubuntu0.2) ...
Processing triggers for libc-bin (2.27-3ubuntu1) ...
root@d2a821becaf7:~# 
```

Si se quiere actualizar el sistema operativo (por ejemplo pasar de Debian 9 a Debian 10), se deben seguir los siguientes pasos:

1. Actualizar todos los paquetes del sistema
2. Cambiar los repositorios por los de la siguiente versión
3. Ejecutar "*apt-cache update*"
4. Ejecutar "*apt-cache upgrade*" para actualizar los paquetes a los del nuevo sistema
5. Tras hacer todo esto, ejecutar "*apt-get dist-upgrade*" para hacer que el sistema se actualice de versión

15. TAREAS PROGRAMADAS

15.1. CRON & CRONTAB

Los sistemas operativos Linux tradicionalmente incluyen una característica que nos facilita poder ejecutar tareas programadas: Cron.

Antes de ver como se configura, vamos a explicar en que consiste. Cron es un servicio incluido en el sistema operativo.

En las versiones antiguas de RedHat como por ejemplo RedHat 6 o CentOS 6, no existía todavía SystemD por lo veíamos el script en */etc/init.d* y como podemos ver con ckconfig arrancaba al inicio:

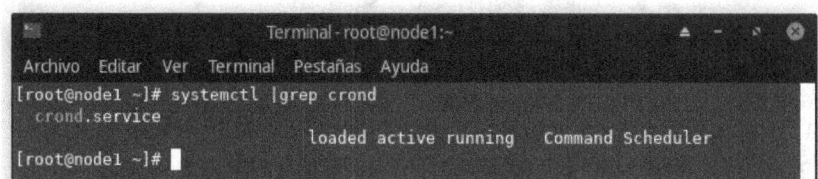

```
[root@bck01 ~]# ls -al /etc/init.d/crond
-rwxr-xr-x 1 root root 2826 Aug 23  2016 /etc/init.d/crond
[root@bck01 ~]#
[root@bck01 ~]#
[root@bck01 ~]# chkconfig --list|grep cron
crond           0:off   1:off   2:on    3:on    4:on    5:on    6:off
[root@bck01 ~]#
```

En las siguientes versiones, las cuales ya incluyen SystemD pero mantienen el servicio de crond por compatibilidad:

```
[root@node1 ~]# systemctl |grep crond
  crond.service
                        loaded active running   Command Scheduler
[root@node1 ~]#
```

Este servicio se encarga de leer la configuración de los siguientes ficheros, estos ficheros tienen la misma sintaxis, el servicio de *crond* lee y ejecuta la línea de comando indicada en el momento indicado:

- "*/etc/cron.d*": Este directorio contiene ficheros en los que se pueden configurar distintos scripts para ejecutarse en una periodicidad personalizada
- "*/etc/crontab*": Este es el fichero de conguguración principal de cron, en el se puede configurar una tarea programada por linea con la periodicidad que se requiera

Sintaxis del fichero */etc/crontab* y ficheros contenidos en "*/etc/cron.d*":

[root@node1 ~]# cat /etc/crontab

#Sell con la que correrá el cron

SHELL=/bin/bash

#Ruta donde se encuentran los ejecutables a lanzar

PATH=/sbin:/bin:/usr/sbin:/usr/bin

#Cada vez que se ejecute una tarea se mandará un mail a esta dirección

MAILTO=email@MIMAIL.mail

Ejemplo:

.---------------- minuto (0 - 59)

| .------------- hora (0 - 23)

| | .---------- dia del mes (1 - 31)

| | | .------- mes (1 - 12) O jan,feb,mar,apr ...

| | | | .---- dia de la semana (0 - 6) (Sunday=0 o 7) O sun,mon,tue,wed,thu,fri,sat

* * * * * NOMBRE-USUARIO COMANDO

Es decir que para lanzar una tarea a las 12:01 todos los lunes se hará así:

01 00 * mon * root date > /tmp/test 2>/dev/null

Los asteriscos representan *cualquiera*. En vez de la programación anterior, si queremos ejecutarlo cada 5 minutos, será:

*/5 * * * * root date > /tmp/test 2>/dev/null

Y cada 2 horas minutos, será:

* */2 * * * root date > /tmp/test 2>/dev/null

Para hacerlo cada 2 días:

```
* * */2 * * root date > /tmp/test 2>/dev/null
```

En el caso de quererlo ejecutar en dos intervalos, por ejemplo en el minuto 50 y minuto 5 de cada hora se pueden poner los intervalos separados por comas:

```
5,50 * * * * root date > /tmp/test 2>/dev/null
```

En el caso que tener un usuario llamado *juan* y querer ejecutar el cron con su usuario, se puede especificar el usuario en la linea del cron:

```
*/5 * * * * juan date > /tmp/test 2>/dev/null
```

Los siguientes directorios contienen scripts que se ejecutarán de forma recurrente dependiendo del directorio:

- "*/etc/cron.daily*": Contiene scripts que se ejecutan una vez al día
- "*/etc/cron.hourly*": Contiene scripts que se ejecutan una vez a la hora
- "*/etc/cron.monthly*": Contiene scripts que se ejecutan una vez al mes
- "*/etc/cron.weekly*": Contiene scripts que se ejecutan una vez a la semana

Estos crones comentados anteriormente solo pueden ser configurados por un usuario root o con permisos de root. Para poderlo configurar desde el usuario, se puede instalar la utilidad *crontab* con la cual se pueden configurar los crontab de un usuario ejecutando "*crontab -e*", esto nos abrirá un editor de textos, el cual podemos insertar las tareas a ejecutar con la misma sintaxis que en */etc/crontab* pero sin definir usuario, por ejemplo:

```
*/1 * * * * echo hola > /tmp/111
```

15.2. TAREAS PROGRAMADAS EN SYSTEMD (SYSTEMD TIMERS)

Para finalizar este libro, incluyo una novedad, como ejecutar tareas programadas sin crontab en SystemD. El por qué de incluirlo es ni mas ni menos que creo que dentro de poco dejará de utilizarse en todos los sistemas con SystemD el sistema de cron tradicional.

En esta nueva forma de hacerlo cambia totalmente la forma de ejecutar tareas programadas. Para ejecutar las tareas programadas tenemos que crear un nuevo servicio en SystemD.

Para ver los timers instalados ahora mismo en el sistema, se debe ejecutar "*systemctl list-timers*" lo cual nos devolverá:

```
ger@ger:~$ systemctl list-timers

NEXT                LEFT      LAST            PASSED      UNIT
  ACTIVATES

Thu 2019-10-31 13:03:55 CET 18min left  Thu 2019-10-31 12:01:13 CET 44min
ago  anacron.timer            anacron.service

1 timers listed.

Pass --all to see loaded but inactive timers, too.

ger@ger:~$
```

En este caso mostraremos como ejecutamos un "*realtime timer*".

Lo primero es crear el servicio:

```
root@ger# vi /etc/systemd/system/foo.service

[Unit]

Description=TEST THE TIMER

[Service]

Type=simple

#Esta es la linea a ejecutar:

ExecStart=/bin/echo hola > /tmp/test
```

[Install]

WantedBy=multi-user.target

Ahora creamos el timer, como se puede ver lo relacionamos con el servicio en "*Unit=foo.service*" Si activamos *Persistent=true* haremos funcione después de reiniciar:

```
root@ger# vi /etc/systemd/system/foo.timer

[Unit]

Description=Run foo weekly


[Timer]

Unit=foo.service

OnCalendar=weekly

Persistent=true


[Install]

WantedBy=timers.target
```

Para cuando se requieran fechas y horas mas específicas, *OnCalendar* event usa el siguiente formato:

```
DayOfWeek Year-Month-Day Hour:Minute:Second
```

Un asterisco puede usarse para especificar cualquier valor y comas para listar parios valores (igual que en crontab):

```
OnCalendar=Mon,Tue *-*-01..04 12:00:00
```

Para ejecutar la tarea programada el primer Sabado de cada mes:

```
OnCalendar=Sat *-*-1..7 18:00:00
```

Cuando usamos *DayOfWeek*, al menos un día de la semana debe ser especificado, si quieres que se ejecute cualquier día lo mejor es usar:

```
OnCalendar=*-*-* 4:00:00
```

Par ejecutarlo a distintas horas y fechas, con *OnCalendar* puedes especificar mas de una. En el siguiente ejemplo, el servicio correrá a las 22:30 entre semana y el finde semana a las 20:00:

```
OnCalendar=Mon..Fri 22:30 OnCalendar=Sat,Sun 20:00
```

Ahora hacemos que se ejecute con habilitando el servicio y arrancandolo. En el caso de los ejemplos de arriba hemos creado los ficheros "*/etc/systemd/system/test.service*" y "*/etc/systemd/system/test.timer*" por lo que para habilitar las tareas debemos ejecutar:

```
root@ger:~# systemctl enable test.service

root@ger:~# systemctl enable test.timer

root@ger:~# systemctl start test.timer

root@ger:~#
```

Para verificar que el timer está activo:

```
root@ger:~# systemctl list-timers|grep test

Thu 2019-10-31 14:00:00 CET  31min left  n/a              n/a      test.timer
test.service

root@ger:~#
```

La distribución *Arch* ya está funcionado de esta forma, se puede obtener más información en
https://wiki.archlinux.org/index.php/Systemd/Timers

16. DESPEDIDA

Ahora deberías poder ejecutar bastantes tareas de administración de nivel medio en Linux. Espero que este libro te haya aportado una buena base para que puedas llevar tu conocimiento sobre este sistema a un nivel avanzado.

Espero que hayas disfrutado del libro, para mí ha sido un verdadero placer escribir este libro para poder ayudar a otros a iniciarse en el mundo de Linux.

Para cualquier duda, consulta, reportar un error, etc., podéis acceder a https://aprendeit.com/contacto/ para enviarnos un mensaje. En este website también podréis encontrar información sobre temas relacionados con el libro.

Podéis ver otros libros disponibles en https://aprendeit.com/categoria-producto/libros/

www.ingramcontent.com/pod-product-compliance
Lightning Source LLC
Chambersburg PA
CBHW070339220526
45467CB00001B/180